汉译世界学术名著丛书

论有学识的无知

〔德〕库萨的尼古拉 著

尹大贻 朱新民 译

商务印书馆
创于1897 The Commercial Press

Nicholas Cusanus
OF LEARNED IGNORANCE
London, 1954
根据伦敦茨尔曼·赫隆 1954 年英译本译出

汉译世界学术名著丛书
出 版 说 明

我馆历来重视移译世界各国学术名著。从五十年代起，更致力于翻译出版马克思主义诞生以前的古典学术著作，同时适当介绍当代具有定评的各派代表作品。幸赖著译界鼎力襄助，三十年来印行不下三百余种。我们确信只有用人类创造的全部知识财富来丰富自己的头脑，才能够建成现代化的社会主义社会。这些书籍所蕴藏的思想财富和学术价值，为学人所熟知，毋需赘述。这些译本过去以单行本印行，难见系统，汇编为丛书，才能相得益彰，蔚为大观，既便于研读查考，又利于文化积累。为此，我们从 1981 年至 1986 年先后分四辑印行了名著二百种。今后在积累单本著作的基础上将陆续以名著版印行。由于采用原纸型，译文未能重新校订，体例也不完全统一，凡是原来译本可用的序跋，都一仍其旧，个别序跋予以订正或删除。读书界完全懂得要用正确的分析态度去研读这些著作，汲取其对我有用的精华，剔除其不合时宜的糟粕，这一点也无需我们多说。希望海内外读书界、著译界给我们批评、建议，帮助我们把这套丛书出好。

商务印书馆编辑部

1987 年 2 月

目　　录

致上帝所爱、受尊敬的大师、至尊的教父、教皇神圣直辖区最崇高的红衣主教朱丽安勋爵阁下：

由于你伟大而充分确立的才智，你会正当地惊异于我在太过轻率想使我的粗疏而不够格的著作得以问世的企图中选择你作为我的裁决者和保护人，由于你在履行教皇直辖区红衣主教的职责中，既已那样忙碌于最重要的公共事务，几乎没有闲余时间了。再者，像你这样一位不仅深刻熟知迄今一切著名拉丁著作家，现在又同样熟知各希腊作家的人，看来不大像有可能由于书名的古怪而被吸引到我这个大概是十分不够格的著作上来，因为我的才疏学浅是久为你所深知的。

你的惊异与其说是由于你以为会在这里发现什么以前还不为人知道的东西，不如说是由于我的大胆，导致我去处理对无知进行的启蒙。不过，我还是希望，这一惊异感会吸引住你那渴求知识的钻研精神。我们知道，生理学家说，胃中有一种不快感发生于食欲之前，大自然因此可以在它谋求自我保存的努力中受到激励并得到振兴。由于这个道理，我恰当地认为，有一个引起惊异的主题，也就是有一个引起哲学研究的主题，存在于渴求知识之前，目的在于使理智（它存在于理解力之中）可以通过研究真理而更加趋于完善。稀有的事物，特别是奇妙的事物总会激起我们的兴趣。因此，基于这种原因，无与伦比的导师，请你俯允姑以为有一些有价值东西可能隐藏在这里，并从一个日耳曼人手里接受一种论证神圣事物的方法，不管这种方法是什么，它所包含的相当大的艰辛已给予我以最大的快乐了。

卷一

第一章 知识怎么就是无知

我们看到，上帝在一切事物中都植入一种力求按照符合各个事物特殊本性的最大存在限度而存在下来的自然欲望。为了这个目的，上帝赐予它们以一些适当的功能与活动；借助于这些，在它们里面便具有一种天然的，并与它们知识的目的相配合的辨别力，这种辨别力保证它们的自然倾向服务于其目的，并能在它被自己本性的重力所吸引而向之推进的对象上达到目的。如果有些时候这种情况并不产生，那一定是由于一种偶性的结果，如生病时不能正确地辨别味道，猜想使计算发生错误。那是对健全而未受干扰的理智追求真理的欲望所作的说明，这种欲望以其自然的推理活动不停地在一切事物之中寻找着；一旦它抓住了它的自然欲望的对象，我们就说它认识了真理；因为我们毫不犹豫地把没有任何健全的心灵能拒绝接受的东西叫做真实的。在每一个探讨中，人们总是把未确定的东西与早已被认定为确定的对象相比较来作出判断，他们这样作出的判断总只是近似的；因此，每一个探讨都是比较的，并使用着类比的方法。如果从所探讨的对象返回到被认定为确实的对象，其间只有比较小的差距，那就容易作出判断；如果两者之间还需要有许多中间环节，事情就难起来了。在数学中，我们对这一点是非常熟悉的，在数学中要把一些基本命题归结为已知的基本原理是比较容易的，而一些较远的命题则引起较大的困难，因为它只有通过那些基本命题才能归结为基本原理。因此，每一个探讨都是容易作出或难于作出的比较关系。由于这个道理，作为无限的无限是我们所不能认识的，因为它处于一切比较之外，超出于一切比较之上。这里，由于比例表达某一特定事物中的某种一致，同时又表达某种差异，所以如果没有数，它就不能被理解。因此，数包括可以比较的一切事物。那么，不仅是在量中数产生比例，在一切能以任何方式形成一致和差异的事物之中数都产生比例，无论是在实质上还是偶然地。这就是为什么毕达哥拉斯那么坚持地主张一切事物都可以通过数来理解。

但是，要了解物质事物中相互结合的精确度，并了解已知事物恰恰需要对未知事物适应到什么程度，这是多么超出人们的理性之外，以致苏格拉底认为，除了他自己的无知以外，他什么也不知道。而有智慧的所罗门断定在一切事物中都有一些困难是无法用言辞来解释的；我们从另一位受到神感召的人那里则听说，智慧与理解的境界处于一切生灵的眼睛不能看见之处[①]。如果这一点是真实的——甚至最有学问的亚里士多德也在他的第一哲学中断定，自然界中一些对我们最为显然的事物也是如此——那么，我们在这种困难面前，就可以比拟为猫头鹰试图观看太阳；但是，由于

① 这是指约伯及约伯的话，见《约伯记》第 28 章第 20—21 节。——译者

我们追求知识的自然欲望不是没有目的的，它的直接对象就是我们自己的无知。如果我们能够充分实现这一欲望，我们就会获得有学识的无知。甚至对最热情地追求知识的人来说，也不可能有别的东西对他更有益处；那就是他确实在他本人的那个特定的无知中获得最深的认识；谁对他本人的无知认识得越深，他的学识就会越多。我就是记住这一点，承担起对有学识的无知略作论述的任务。

第二章　对以后论到的一切问题的预备性解释

因为我即将开始把无知作为最大的学问来讨论，我认为必须确定极大或最大的确切含义。一个事物，如果没有比它更大的事物可能存在，我们就把它叫做最大或极大。但是完满只属于一个存在物(being)，其附带的结果是：也是存在物的"一"就与极大同一了；因为如果这样的一个"一"本身在一切方面完全没有限制，那么，显然再没有什么东西处于它的对立面，因为它是绝对的极大。因此，绝对的极大是一，又是一切；因为它是极大，一切事物均在它之中。并且，由于极小同时与它重合，它又在一切事物之中，因为没有任何事物可以置于它的对立面。由于极大是绝对，它实际上是一切可能的存在物，它限制一切事物，但不受任何事物的限制。在第一卷中，我将致力于研究毫无疑义地被确信为一切民族的上帝的这个极大。那是一种超乎理性之上的研究，而且无法沿着人类理解力的道路来进行，我将只以那居于不可及的光华之中的上帝作为我的指导者。

第二方面，恰如我们有了绝对极大，也就是绝对实体，一切事物凭借这绝对实体才成为一切事物，所以，我们从极大才有了被称为绝对的最大效果的存在的普遍统一。因此，它的作为宇宙的存在是有限的，并且它的统一不可能是绝对的，而是一个杂多体的相对统一。虽然这个极大把一切事物都包含在它的普遍统一之中，所以来自绝对的一切事物都在这个极大之中，而它也在一切事物之中，它却还不能存在于包含它的杂多之外，因为这个限制是与它的存在不可分割地联系在一起的。关于这个极大，也就是宇宙，我将在本书第二卷作进一步的说明。

第三方面，我们将看到，另外还有一种方式去考察极大。因为宇宙在杂多中的存在必然是有限的，所以为了发现这一个极大，我们就得研究事物的杂多性本身。宇宙就是专只在这个极大中最完全地找到了它的现实的和终极的存在。宇宙中的这个极大是与绝对结合为一的，因为绝对是一切的最终极限；由于这个同时既是相对的又是绝对的极大，是宇宙目的的最完善的实现，而且是完全超出我们所能达到的范围，我对它所加上的说明，将按照耶稣本人的感召来作。事实上，这个极大正是承担着耶稣这个永受祝福的名字的。

我们对于这个问题的理解，与其说经由坚守言辞的自然属性，不如说须由跃升于言辞的字面含义之上而获得。因为这些自然属性不能有效地应用于这类悟性和奥秘。为了使读者了解，我们甚至要用图解来说明，但是读者也必须跃升于这些图解之上，把它们中间的感性东西撇在一边，以便不受干扰地达到纯粹可领会的东西。我在寻找这个方法时曾热切地尝试，通过回避一切表达上的困难，做到对于普通智力尽可能弄清楚，有学识的无知的基础就在于绝对真理是我们所无从掌握的这一事实。

第三章　绝对真理是我们所无从掌握的

无限到有限之间是没有级次的。从这个自明的事实来看，事情已经清楚明白了，单纯的极大是不能在有较大和较小程度的地方找到的；因为这样的程度是有限的，而单纯的极大则必然是无限的。因此，很明显，如果在单纯的极大本身之外设定任何东西，那总还是可能找到某些比它更大的东西。我们看到，相等是一个程度问题：就一些相像的事物来说，一个事物同这一事物比同那一事物更相等，乃是在于它们属于或不属于同一个类或同一个种，或在于它们在时间、地点或影响方面是相关联或不相关联。由于这个理由，显然两个或更多的事物不可能相似得或相等得再也无法找到无限数量的别的相似客体了。因此，不管度量与被度量的东西多么相等，它们将永远保持不同。

因此，一个有限的智力不可能靠比较的方法而获致事物的绝对真理。真理就本性来说既是不可分割的，真理也就排斥了“较多”或“较少”的问题，因此，除了真理本身以外不可能有任何事物是真理的准确度量：例如，不是一个圆就不能作为圆的度量，因为圆的本性是独一而不可分割的。因此，由于我们的智力并不是真理，它不可能把真理掌握得精确到不能以无限更精确的程度加以理解了。我们的智力对真理的关系就像一个多边形对一个圆的关系;多边形与圆的相似程度随着多边形的角的增加而增加;但是,除非把多边形改变得与圆完全等同,它的角随便怎样增加,即使是无限地增加,也不能使多边形相等于圆。

因此,很清楚,我们关于真理所知道的一切就是,绝对真理,按照它的本质,是我们所无法达到的。真理既不能多于,也不能少于它的本质,它是最绝对的必然性;而我们的智力则与之相反,只是可能性。因此,事物的本质也就是本体论的真理,是不可能全部无遗地加以掌握的;它虽然一直是所有哲学家的探讨目标,但是没有一个哲学家看到了它的真实面目。我们越是深刻地学习这个关于无知的教训,我们就越是接近于真理本身。

第四章 绝对的极大是已知的,但不是被了解了的。极大与极小是同义的

在现存的事物中,不可能有比单纯的绝对的极大更大的事物了;并且,由于它比我们的理解能力还要大——这是因为它是无限的真理——我们对它的认识,也永远不能意味着我们理解了它。它高出于我们能够设想的一切事物之上,因为它的本性排除"较多"和"较少"的各种程度。事实上,我们通过感觉、理性或智力所认识到的一切事物是如此地互不相同,以至在它们之间根本没有精确的相等关系。因此,最大的相等,在其间没有与任何他物的不同或区别,是完全超出于我们的理解力的;由于这个理由,绝对的极大是行动中的最完善的东西,因为,它是行动中的它所能是的一切。它既是它所能是的一切,由于同一理由,它就像它能多么大的

那样大,也像它能多么小的那样小。按照定义,极小就是不能比它那样小更小的东西;由于对于极大来说也是如此,所以,很显然,极小与极大是同一的。

如果你把你的思考局限于量上面的极大与极小,这就变得比较清楚了。极大的量是无限地大,而极小的量是无限地小。现在,如果你在思想上把大与小的概念撇在一边,给你留下来的就是没有量的极大与极小了,这样,极大与极小是同一的就变得清楚了;事实上,极小同极大一样也是最高级的。因此,极大与极小可以同等地用来表述绝对的量,因为在绝对的量上,它们是相同的。

因此,差异只能在可以允许用"较多"和"较少"来说明的事物中存在;而且按照不同的方式在这些事物中存在;它们却绝不会存在于绝对的极大中,因为极大是超出于任何肯定与否定的形式之上的。现存(existence)与非现存同等地可以用被设想为存在着的一切事物来表述;非现存丝毫不比现存更能由一切被设想为不存在的事物来加以肯定。但是,绝对的极大因而就是一切事物,而且,由于它是一切,它就不是它们中的任何一个;换句话说,它同时是存在的极大与极小。事实上,在下述这两个肯定之间没有区别:"上帝,也就是绝对的极大本身,它是光"和"上帝是最高程度的光,因此,它也是最低程度的光"。事情不能是别的样子;因为,绝对的极大既然不从属于任何事物,它如果不是无限的,它如果不是一切事物被注定要达到的终极,它就不会是一切可能的完善性的实现。在上帝的帮助下,我们将在下面解释这一问题。

这是远远超出我们理解力的,我们的理解力根本不能通过任何理性过程来调和矛盾。我们通过大自然让我们知道的事物而走向真理；由于这一过程远远够不到极大的无限力量，所以我们不能凭借它把互相无限远离的矛盾联结起来。我们知道绝对的极大是无限的，因为它是与极小同一的，所以它是一切事物；但是这种知识是远离和超出于我们靠推理所能达到的任何理解的。在本卷中，极大与极小这两个用语并不限制于体积与力的量上；这里，它们具有一种绝对超越的价值，这种价值把一切事物都包含于它们的绝对单纯性之中。

第五章 极大的一体性

下面，对于经过以前的论证现在应是很明显了的问题，我们将作出更加清楚的解释，即绝对的极大超出于我们的理解，但仍然是可理解的，它虽然是不可名状的，但却可以被命名。推理只给能够说是“较多”或“较少”的那些事物命名；当遇到不能再大的最大或不能再小的最小时，就无法给它找一个名称了。一切事物都以最好的可能状况存在，这一事实使存在物的复多性不可能没有数；因为如果数被否定，那么，区别、等级、关系、协调，甚至存在物的复多性也都必然被否定了。如果数是无限的，我们也就不得不作出同样的结论，因为在那种情况下，它就会是在现实中的极大，而这个极大也就会是与极小同一的：把一个数叫做无限的，和说它是极小，是完全相同的一回事。那么，如果通过数的增加，由于数是有限的，我们就会达到一个现实的极大；我们不会由此而达到作为最大可能的极大，因为，这会是无限的。因此，数的增加在实际上显然总是有限的，总还能再加上一个数。相反情况，也同样正确：恰如通过加法总还可以得到一个更大的数，所以，不管一个设定的数实际上是如何地小，也总还可以通过减法而得到一个更小的数。如果这不是真实的，那么，数就不会成其为事物与事物之间区别的关键，也不成其为区别存在物等级系列的关键；而且，我们也就不能谈事物的复多，也不能说事物"较多"或"较少"；此外，数本身也不能存在了。因此，我们就必须达到一个可能中最小的极小数。"一"(unity)就是这样的一个极小；因为不能有任何事物比它更小，"一"便将是单纯的(绝对的)，如我们刚才已经知道的那样，与极大相重合的极小。

由于数是可能增加的，所以数绝不可能是单纯的极小或极大；因此，"一"不可能是一个数，虽然，它作为极小是一切数的本原。因此，绝对的"一"，在其间不可能有二重性，正是绝对的极大或上帝本身。它既是处于绝对完全状态上的"一"，它便排除了有另外一个同样的存在物的可能性，因为它是它所可能成为的一切。因此，它不可能是一个数。

数把我们带到这样的结论，即绝对的"一"是属于这位不可名状的上帝的最切适的属性，他的"一"是这样的，即他确实是所可能的一切。他的"一"是一个排除"较多"或"较少"程度的"一"，甚至也排除另外有一个同一等级的存在物的可能存在。因此，上帝是无限的"一"。没有比上帝自己的话更真实的了："以色列啊！你要听，主我们的上帝是独一的主"；[1]还有，"只有一位是你们的夫

---

① 见《新约·马可福音》，第 12 章第 29 节。——译者

子……只有一位是你们的父,就是在天上的父";[①]没有比认为有几个上帝更谬误了,因为正如我们以后将要论证的那样,这完全等于否定上帝和整个宇宙。数作为一个理性的存在物,是从我们的比较和区别的能力中得到存在的;它的实在性限止在它在我心中所具有的实在性中;因此,如果数不是理所当然必然从"一"产生,数就不可能存在。同样清楚,从这个无限的"一"中产生出来的众多存在物实际上也依赖于无限的"一",因为没有它,它们根本就不能存在。如果没有存在(being),它们怎么可能存在(exist)呢?如我们在下面将要讲到的,绝对的"一"是无限的存在。

第六章 极大是绝对的必然

从上面已经讲到的,我们已经清楚地知道,只有绝对的极大是无限的,而与它相对照,一切别的东西都是有限的和限定了的。有限的、限定了的存在物有一个开始与一个终结,所以,有一个它从之得到存在,并将在其中达到终结的存在物。说那个存在物,那种本身就是有限的存在物,比任何已知的有限存在物都大,就是错误的;说我们通过越来越大的存在物的无限系列而达到这样一个存在物,也同样是错误的;因为,第一,有限事物的现实的无限系列是不可能的,第二,这样的一个极大其本身将会是有限的。因此,一切有限事物的开始与终结都必然就是绝对的极大。

此外,如果绝对的极大并不存在,那就没有什么东西能够存在

① 见《新约·马太福音》,第 23 章第 8—9 节。——译者

了,因为一切比极大小的存在物都是有限的;它们必然是由另一事物所产生的结果。说这些存在物产生它们自身,就等于说这些存在物在存在以前就已经行动了;至于用无限数量的本原和原因来解释这些存在物的想法更是早被排除了。剩下的就是那绝对的极大,没有它,什么也不可能存在。

再者,假定极大被归结为存在物,我们可以说,没有什么与极大相对立;而且由于那个理由,非存在和极小的存在物两者都与极大相等同。那么,怎么可以设想,由于极小的存在物就是极大的存在物,极大就不能够存在呢?没有存在(being),我们就不能设想任何事物存在(exist)。但是,绝对的存在必然是绝对的极大;因此,任何事物不能设想不依赖于极大而独立存在。

此外,极大的真理就是绝对的极大。我们所能说的和所能想的一切,都由下列几个命题所穷尽了,这些命题就是关于绝对极大本身的极大真理:它存在或不存在;它既存在,又不存在;它既不存在又并不不存在。在这些命题中不管你断定哪一个是它的极大真理,我的说法都是成立的,因为在那单纯的极大中,我获得了极大的真理。

从上面所论证的显然可以看出:"存在"或任何其他的词都不是极大的确切名称;极大是超出于所有名称之上的;可是"极大"这个名称仍然必定意味着以最高方式的,虽然无法描绘的存在作为它的表语,较之任何能够被描绘的存在更为切合。由于这些理由以及大批类似的理由,学习中的无知了解得最清楚,绝对的极大如此必然地存在着,以至于它就是绝对的必然。现在已经确定,只可能有一个绝对的极大,因此,这个极大的"一"就是最大的真理。

第七章 永恒的"一"和三位一体

从未有过不崇拜神并相信神是绝对极大的民族。我们发现马尔库斯·瓦洛[①]在他所著《古代史》中曾引人注意到"西渗尼人"把"一"尊奉为极大，而毕达哥拉斯(他在当时的权威是不容争辩的)主张那个"一"就是一个三一体。如果我们更深入地研究毕达哥拉斯这一论点的真理，我们就可以依据我们的前提作出这样的论证：那先于一切差异的，无疑是永恒的；因为差异和可变性是一回事；但是一切按本性先于可变性的，都是不可变的，因而是永恒的。因为要有二才构成一个差异，所以差异和数同样是后在于"一"的。因此，"一"按其本性就先在于差异，而且，由于这种本性上的先在性的理由，"一"是永恒的。

再者，一切不相等都产生于在一个等量上再加上一些什么，因此，不相等按本性就后在于相等；这一点可以用还原法来最令人信服地加以证明。因为等量居于较大与较小之间，所以一切的不等量都可以还原到等量。如果我们去掉超出的部分，等量就成立了：另一方面，如果我们必须去处理较少的东西，我们就可以从另外一方面去掉超出的部分，这样也就建立了等量。我们可以继续不断地按照这个减除的办法进行，直到我们达到一些单纯的元素。这样，一切的不相等显然都可以通过这种方式而还原到相等。因此，相等按本性先于不相等。

---

① 公元前一世纪的罗马历史家，曾著有《关于人间和天界的古代史》。——译者

但是,不相等与差异按本性就是同时并存的,什么地方有不相等,那里就必然有差异,反过来也一样。事实上,在至少有两个事物的地方,那里就有差异,而且,因为有了重复,就会有不相等。因此,特别是由于双重构成第一个差异和第一个不相等,因而不相等将按本性而存在于有差异的地方。既已证明,相等就本性来说先于不相等,我们也就证明了相等按本性先于差异。这就必然得出结论:相等是永恒的。

还有,如果两个原因之一按本性先于另一原因,那么,第一因的效果按本性便将先于第二因的效果。现在,"一"或者是联系的原因,或者是联系本身:那就是为什么当事物统一起来时,我们就说它们联系起来了。另一方面,双重或者是分化的原因,或者是分化本身,因为双重是第一个分化。那么,由于"一"是联系的原因,以及双重是分化的原因,那就可以逻辑地推论:正如"一"按本性就先于双重,联系也同样按本性先于分化。现在,分化和差异按本性总是在一起的;我们根据这点得出结论,由于联系按本性先于差异,它也就必定与"一"同样是永恒的。

我们已经证明,因为"一"是永恒的,并且相等也是永恒的,所以联系也同样是永恒的。但是,不可能存在好几个永恒;如果存在好几个永恒,那么,由于"一"先于一切众多,那就要有某物按本性先于永恒,而这是荒谬的。此外,如果有好几个永恒的存在物,一个存在物会具有另一存在物所缺少的某些东西,因而,它们之中没有一个是完善的;换句话说,会存在某一个永恒,它却根本就并不永恒,因为它是不完善的。这个谬论显示了存在好几个永恒的不可能。我们只能得出结论:"一"、相等和联系,三者同等地永恒,它们是同一的。这就是那个“一”,它同时又是一个三一体,即毕达哥拉斯——第一个哲学家和意大利同希腊的光荣——所尊崇的那个三位一体。

我们现在将接下去对由“一”产生相等物作更细致的解释。

第八章 永恒的产生

现在我们将用几句话说明一下“一”的相等物是如何由“一”所产生的,并说明联系是如何从“一”和“一”的相等物中伸延出来的。

从希腊字 ὤν 产生了拉丁文的 ens(存在)一字,可以说,这样我们就得到了“一”这个字——即希腊文的 ὤντας。“一”(unity)和实体(entity)可看成是能够交替使用的;因为上帝是实体;他是本质的内在本原,而且由于这个缘故,正是事物的实体。实体的相等——或者说,本质或存在的一致,这都是一回事——可以看成是能够与“一”的相等交替使用的。在本质是一致的地方,事物中就不会有较多或较少的程度,不会有在上或在下的问题;因为如果一个事物所具有的比本质所要求的更多,那么,它就会是一个怪物;另一方面,如果它所具有的少于本质所要求的,那么,它就不能被看成是在本质中相等,或者一致。

研究产生的本性使我们能够形成一个关于从“一”到相等物的这种产生过程的清楚观念。事实上产生或者是从父亲到儿子进行同一本质的增殖,或者是“一”的重复。“一”增殖为两倍、三倍或更多倍时,这种产生的形式是有限事物所特有的;与此相反,如果不是增殖为两倍的“一”(乘以二),而是增殖为一倍的“一”(乘以一),

或“一”的独自重复，那就是从“一”到“一”的产生；这类产生是永恒的。它生出“一”的相等物，这仅仅只能被设想为由“一”产生“一”。

第九章　永恒的联系伸延

恰如从“一”产生“一”是“一”的单独重复，同样，从这二者伸延，就是“一”的重复的重复，或者说，如果你愿意的话，它就是“一”和“一”本身的相等物的结合。伸延被看成是从一物到另一物的某种延伸；例如，当两个事物是相等的，它们可说就是通过从一个事物延伸到另一事物的相等性以某种方式联系起来和结合起来。因此，说联系是从“一”，也是从“一”的相等物伸延，这是正确的，因为一个事物不可能有什么同它自身的联系。由于“一”从“一”延伸到相等物，并从“一”的相等物伸延到“一”；因为这可说就是一种从一物向另一物的延伸，所以说从二者伸延是说得对的。我们既没有说联系是从“一”产生出来的，也没有说是从“一”的相等物产生出来的，理由在于，联系的存在并不是由于“一”的重复或增殖。虽然这样，“一”，“一”的相等者，以及从二者伸延出的联系，仍然是同一个事物，虽然“一”的相等物是由“一”产生出来的，而联系则是从二者伸延出来的；这就像我们使用 hoc，id，idem（“这个”、“那个”、“同一个”）这些字来指同一个事物。我们称作 id（那个）的东西，是同第一个关联着的，我们叫做 idem（同一个）的东西，则把关系到的东西（实存体）与第一个联系起来，结合起来。如果从代名词 id（那个）我们造出了 iditas（那物）这个词，那么，我们就应当能使用 unitas（“一”）iditas（那物）idemtitas（同一物）这些词，这些词用到三位一体,也不是不能允许的;iditas(那物)可以构成同“一”的关联,而idemtitas(同一物)将指iditas(那物)和“一”的联系。

这是从有限事物中所引出来的一个比较,它使我们的神圣博士们把圣父叫做“一”,把圣子叫做“一”的相等物,把圣灵叫做联系。正如圣父和圣子所共同具有的是同一本性,圣子按本性就是圣父的相等者。因为在这二者中的人性没有丝毫差别,并且还在它们之间存在着一定的联系。就从它们共有相同本性的这一事实来说,他们便是由出于本性的爱的联系而结合起来的;圣父爱他的儿子超过一切其他的人,因为圣子的人性是从圣父来的。

把“一”这个名称给予圣父,把相等物这个名称给予圣子,把联系或爱这个名称给予圣灵,只是那么一种最不切近的类似——这些名称其实只与被造之物有关,我们以后专门对待这一问题时,将看得更清楚。因此,我认为,我们遵照毕达哥拉斯研究问题的方法,在这里对那永受敬奉的“一”中的三一和三一中的“一”作出了一个最具有启示力的考察。

第十章 对一中的三位一体的理解如何超越一切事物

现在我们可以来考察马尔蒂安[①]所说的是什么意思:他说,哲学在试图取得一点关于这个三位一体的知识时已经排除了圆和

① 四、五世纪时住在北非的罗马作家。曾用诗文混合体裁写作综论各种学科的《语文学与信使神墨丘雷的结婚》。——译者

球。

前面我们已经证明，只有一个极大，并且它是绝对单纯的；没有一个形体是那样的，最完善的立体（像球）既不是那样，最完善的平面（像圆）也不是那样，最完善的直线形（像三角形）也不是那样；就连单纯的直线也不是那样的一种极大。那样的极大如此远离和超出于这一切事物，如果我们想要达到这种绝对单纯的和抽象的智能的话，我们不得不排除掉感觉、想象或理性、连同其物质性增殖物所能给予我们的东西。在那种智能里，一切事物都是一体的；在那里，线就是三角形、圆和球；在那里，"一"是三位一体，并且三位一体也就是"一"；在那里偶性便是实质，躯体是灵魂；运动是静止等等。仅当我们了悟下面各点时，我们对"一"才有一个正确的观念，即：每一事物都在"一"之中，"一"本身就是一切事物，因此，在"一"之中的每一事物都是一切事物。如果我们不了解极大的"一"本身心定是一个三位一体，那是因为我们没有相应地排除掉球、圆以及其他等等东西；因为有一条正确地理解那至高无上的"一"的途径，而且只有一条途径，那就是把它作为三位一体来了解。

让我们用适当的例证来指明这一真理。显然，在理解的统一体中，必然有具有悟性的存在物，可被领悟的对象和理解的行动。现在假定你想要从有悟性的存在物过渡到绝对的有悟性的存在物，你就会说绝对物就是绝对地至高的悟性存在物；除非你补充说，他同时也是绝对地至高的可被领悟物，和绝对至高的理解行动，你就不会有一个对于绝对的、最完善的"一"的正确观念。因为，如果"一"是至高的和最完善的理解，而且如果理解必然假定着这三个相互的关联者——有悟性存在物、可被领悟的对象以及理解行动，那么，必然得出："一"的正确概念必定是三合一的。

事实上，"一"是一个三位一体，因为"一"的意思就是不分化、差异，以及联系或结合。这三者——不分化、差异和联系——根源都在于"一"，因此，绝对的"一"必然也将是不分化、差异和联系。由于永恒物就是那并非从任何事物中分离出来的东西，所以绝对的"一"也没有开始，或者说它也就是永恒，因为它是（在绝对中的）不分化；它是从不变的永恒来的，因为它是差异；而且，它从这二者（不分化和差异）伸延，因为它是联系或结合。

再进一步，当我说："'一'就是极大"时，我就是在把它叫做三位一体；事实上，当我说到"一"时，我就是在谈论一个没有开始的开始；当我使用极大一词时，我就是在说从本原出发的开始；当我用动词"是"来把这些联系起来或结合起来时，我就是在谈论一个从这二者出来的伸延过程。这已经最清楚地确定了下来：极大就是混一，因为极小、极大和联系是一个东西；"一"本身就是极小、极大和联系；如果事情的确如此，那么，这一点就变得非常明显了，一种哲学，如果它想要理解极大的"一"之成其为三位一体的必然性，只有通过一种单纯的直觉才能做到，因为想象和理性所提供的帮助在这里没有任何用处。

像这样的一些表述，"谁想要用一种单纯的直觉来把握极大就必须升高到超越各事物的分别和多样化之上，超越一切数学形体之上"还有"线在极大中是一个面、一个圆、一个球"，都会引起你很大的惊奇。那么，我为了可以更容易地使你的悟性得以渗透和把握这些表述的必然性和真理性，我就要使用一个不容怀疑的例子；

如果通过对这个例子的正确理解，你便达到了真理，并理解了这些表述，你便将理所当然地体验到一种奇妙的欣喜；因为你将这样升入有学识的无知，并将同任何人类悟性所能做到的一样，终于把握住这一点：即一个无法理解的绝对就是那永受祝福的三一上帝。

第十一章　数学对于理解各种神圣真理是巨大的帮助

我们的所有最伟大的哲学家和神学家都一致断定，可见的宇宙是那不可见的东西的一个忠实反映，而且从被造之物出发，我们可以提高到对造物主的知识，好像"对着镜子观看，模糊不清"①。在研究本身超出我们所能及的范围的精神事物时，使用符号的基本理由已经说明。虽然我们既不知觉它，又不理解它，但我们至少知道一个事实，即一切事物都处于某种相互关系之中；由于这种相互关系，一切个体结合而构成整个宇宙，并且在这独一的绝对中，存在物的众多性就是统一本身。每一形象都是范型的一个近似的复制品；然而，除了在大自然的统一中的绝对形象和范型本身以外，再没有一个形象会那么如实或精确地复制出原型，以至完全排除还会有无限数量的更如实或更精确形象的可能性，这我们已经弄明白的了。

当我们使用一个形象，并尝试用类比的方法去比拟一个尚不知道的东西时，关于那个形象就必须是完全无可怀疑的；因为只有

① 见《新约·哥林多前书》，第 13 章第 12 节。——译者

通过假定了的前提和确定的事物，我们才能达到未知的事物。但在一切事物之中，充满了可感知的物质的可能性，它说明一切事物都是在不断流动变化的状态中。我们对事物的知识并不是完全不顾到它们的物质状况而取得的，不问物质状况，不可能形成事物的任何形象；但也不是全盘都依靠于这些事物的一切可能变化而取得；而是我们越从感性状况中进行抽象，我们的知识就越是确定和可靠。数学就是这种抽象知识的一个例子。这就说明了哲学家们为什么如此乐于到数学中寻找悟性所要考察的事例；没有一个古代的大师在解决难题时，不使用数学的例证，所以，罗马人中最有学问的波伊修斯①甚至说，没有数学知识，要获得关于神圣事物的知识是不可能的。

按第一个被称为哲学家，事实上也的确是第一个哲学家的毕达哥拉斯所说，开启一切真理的钥匙，不是只有到数中去寻找吗？遵照毕达哥拉斯的主张，柏拉图学派的哲学家们和我们自己的主要哲学家们，如奥古斯丁和以后的波伊修斯，都毫不犹豫地断定，数是创造一切事物之造物主心中的基本范型。亚里士多德，不同意柏拉图学派，似乎渴望要成为这一规律的一个例外，但他在所著《形而上学》一书中还是发现，除了与数相比较以外，没有可能解释那些特殊的差异；当他想要说明，在自然界里一个形式处于另一形式之中时，他不得不到数学形体中去找例证："恰如三角形处于四边形之中一样，较低的形式也都包含在较高的形式之中"；他还有

① 五、六世纪间的罗马政治家和哲学家，著有《哲学的安慰》，并将亚里士多德的一些著作译为拉丁文。——译者

无数这一类的例子,这里就不必多提了。柏拉图学派哲学家奥里利乌·奥古斯丁在处理灵魂的量和灵魂的不死以及其他一些高深题目时,也求助于数学。波伊修斯这样高度地重视这个方法:他坚持一贯地断定,一切真理都包含在数与量之中。如果你希望我更简洁一点——那么,伊壁鸠鲁学派关于虚空中的原子的学说(这一学说同时涉及否定神的存在和一切真理的崩溃),不是唯独靠毕达哥拉斯派和逍遥学派的数学论证才予以驳倒的吗?而伊壁鸠鲁认为理所当然的根本原理则是,在一切事物之中,最后终将能够找到单纯的不可分割的原子。

顺着古人的道路,我们完全与他们一致地认为,由于除了借助于符号以外我们没有别的法子探索有关神圣事物的知识,我们最好还是由于它的不可毁灭之确定性而使用数学记号。

第十二章 用数学记号为我们的目的服务的方法

从我们已经讲到的,现在已经非常明显,没有一个我们所知道的客体,或我们对它多少有一点观念的客体,能够是绝对的极大;因为我们打算使用符号来进行我们对极大的探讨,所以我们必须寻找某种并非只是简单的比较的方法。事实上,我们在数学中始终是在处理有限的事物,因为,如果它们不是有限的,我们就根本无法对它们形成任何观念。那么,如果我们想要通过有限的事物去把握绝对的极大,我们就必须首先就其本来面目来研究有限的数学形体,即潜在与行动的一种混合物;然后,我们必须以各个相应的完善条件来描述有关的无限形体，最后，我们必须以更为崇高得多的升华方式用各个无限形体的完善条件来描述单纯的无限，后者不可能由任何一个形体来加以表述。因此，当我们在暗中摸索时，我们的无知就会以不可理解的方式来启迪我们，并使我们能够对绝对形成一个更正确和更真实的观念。

在使用这种方法，并以无限的真理作指导时，我们注意到了那些研究形体的圣人们和智力超群的人们所用的表达方式之间的不同。例如，圣安瑟伦把绝对真理比之于无限的笔直性；我们遵照他，就把直线作为代表笔直性的形体。有些很有学识的人把最神圣的三位一体同三个角都是直角的一个三角形作了个比拟，这样的三角形可以叫做无限，因为，如我们将要看到的，这种三角形的边必须是无限的；我们也将效法这个见解。另外一些人竭力设法描绘无限的“一”，他们说上帝是一个无限的圆；也有些人由于他们考虑到上帝存在这最完善的行动，把上帝比之于无限的球。我们将阐明所有这些观点都是正确的，所有这些观点所形成的也仅仅只是一种意见。

第十三章　绝对无限的线的各种变化

如果有一条无限的线，我认为它同时就是一条直线、一个三角形、一个圆、一个球；与此相似，如果有一个无限的球，它也就会同时是一个圆、一个三角形和一条线；而且，无限的三角形和无限的圆也都将如此。

首先，显然无限的线是一条直线。圆的直径是一条直线；圆周是一条曲线并比直径长。那么，如果随着圆的扩大，圆周的曲度就变小，这样，所可能有的绝对最大的圆，其圆周就将是所可能有的曲度最小的曲线，因此，它将是绝对的笔直。因此，极大和极小是如此同一，以致我们最清楚地看到，在无限中并存着笔直的绝对极大与弯曲的绝对极小。对于这里所设定的图形进行一次研究，便将扫除在这点上的一切可能的怀疑。我们看到，较大圆上的 G—D 弧的曲度比较小圆上的 E—F 弧的曲度小，E—F 弧的曲度又比更小的圆上的 G—H 弧的曲度小；因此，直线 A—B 是所可能有的最大圆上的弧。

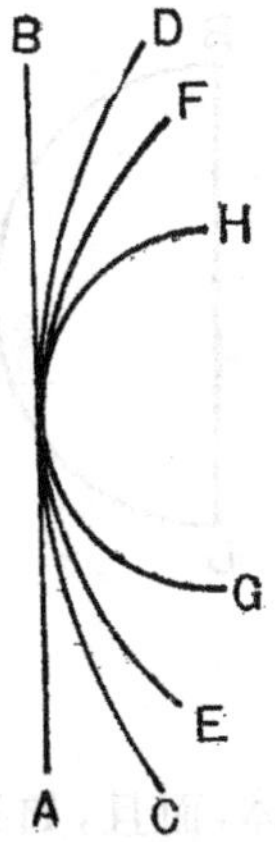

在这里，我们的第一点得到了证明。因为我们已经阐明，单纯无限的线必然是完善地直，在这样一条线中，直与弯曲不是相互排除的，而是同一回事。

第二，我们已经说过，无限的线就是一个无限的三角形、圆或球。要确立这一点，我们必须从对有限的线进行研究中发现有限的线的潜在性；从中我们将把我们所试图论证的观点表达得更加明白，因为我们知道，在有限的线中是潜在的一切，在无限的线中是现实的。

现在，我们知道，从来没有一条有限的线是这样长或直，以致不能比它更长更直了，并且，我们已经证明无限的线是最长的最直的。那么，如果我们有一条线 A—B，如果点 A 保持固定，这条线被移动到它达到 C，就画出了一个三角形；如果这条线继续移动，直到它回到 B，就画出了一个圆。使 A 仍然固定，让我们假定 B

再被移动，直到它达到与起始的点 B 正相对的点 D；A—B 与 A—D形成一条连续线，并画出了一个半圆。下一步，让我们假定直径 B—D 是固定的，半圆以直径为轴旋转一周；这样我们就有了一个球形，而球就是一条线的最后和全部的现实化，因为再没有更完善的形体能够从球产生了。

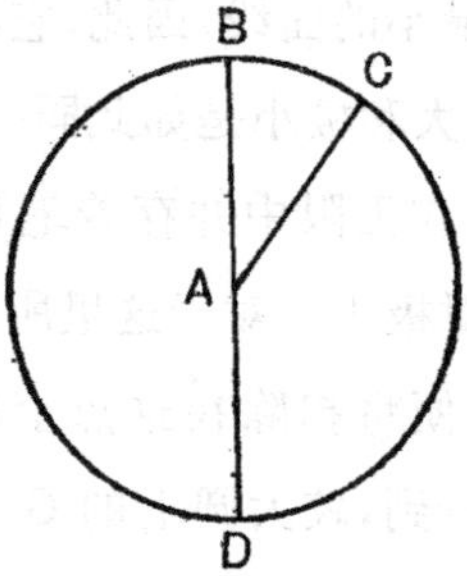

因此，如果有限的线潜在地是所有上述各个形体，而且，如果在无限的线中，有限的线的一切潜在性都得到实现，那么，就可能得出结论，无限的线是一个三角形、一个圆和一个球；那就是所要证明的。

如果你希望得到一个更清楚的解释来说明有限的东西的潜在性如何在无限中现实化，我将使你完全信服。

第十四章　无限的线是一个三角形

对想象力来说，直线与三角形的重合似乎总是不可能的，因为想象力的视界局限于物质秩序，在一条物质的线与三角形之间，只有格格不入而已；但是对于悟性来说，那就并不难领悟一条线能够是一个三角形。事实上，我们已经确立只能有一个绝对和无限。现在，因为三角形的任意两边相加不能小于第三边，显然，在一个三角形中，如果它的一条边是无限的，其他两条边就不可能较无限为小。由于无限的每一部分都是无限的，这就必然推论出，如果某一三角形的一条边是无限的，其他两边也就是同样无限的。不可能有一个以上的无限；因此，我们的先验性结论是：无限的三角形虽然是一切三角形的完善模型，但它不是由一组复数的线构成的，不是任何意义上的一个复合体，而是最完善地不可分割的；而且，由于它是完善的模范的三角形，它必须有三条线；因此，一条无限的线本身就是三条线，而这三条线正是一条完善地不可分割的线。这同样也适用于角，于是三个角就是一个角。并且，那个无限的三角形将不由边与角组合而成；无限的线与角是同一件东西，所以，因为三角形就是线，线就是角。

如果你不局限于研究感性秩序中的三角形，还进而思考到理想的三角形，你也会发现这样做对把握这个真理有所助益。感性秩序中的每个三角形，三个角的和都等于两个直角；如果一个角比较大，其他两个角就相应地小些。按照我们的基本原理，任何一个角的可能扩展限度都小于 180°，但是，如果我们假定那个角充分地扩大到 180°，而三角形仍然存在，那么，很明显，这就是一个只有一个角的三角形，而这一个角就是三个角，并且这三个角也就是同一个角。

与此类似，你也可以看到一个三角形如何是一条线。在感性秩序中，三角形的任何两条边所形成的夹角越是成为锐角，它们加在一起就越是大于第三边；例如，B—A 线与 A—C 线加在一起比 B—C 线长得多，因为 B—A—C 角更为锐角。反过来，例如 B—A—C 角越大，B—D 线和 D—C 线加在一起的长度就超过 B—C

越少，而且这个三角形的面积也越小。这样，如果我们假定这个角是一个 180°的角，整个三角形就会化为一条单纯的线。

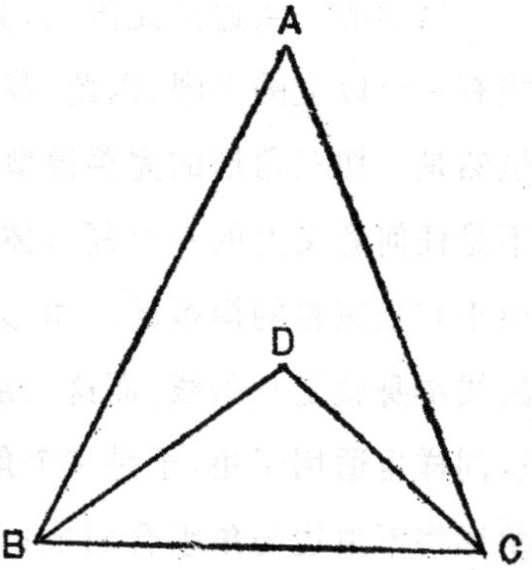

因此，这种假定虽然在物质秩序中不可能实现，它却可以帮助你登上悟性的秩序。在那里，物质秩序中所不可能的事情，不仅作为一种可能性被看到，而且作为一种绝对的必然性被看到；在那里，无限的线显然就是无限的三角形；这就是我们要证明的。

第十五章 无限的三角形是一个圆和一个球

我们现在可以看得更清楚，三角形如何是一个圆。让我们假定三角形 A—B—C 是 A—B 线在点 A 固定不动的情况下移动到点 C 而画出来的；如果这条线是无限的，如果它继续它的旋转，直到它回到它原来的位置，毫无疑问我们就有了一个无限的圆，而 B—C 是它的一个部分。由于它是一个无限的弧的一个部分，B—C 便是一条直线。那么，由于无限的东西的每一部分也都是无限的，因此，B—C 不小于整个无限的圆周；因此，B—C

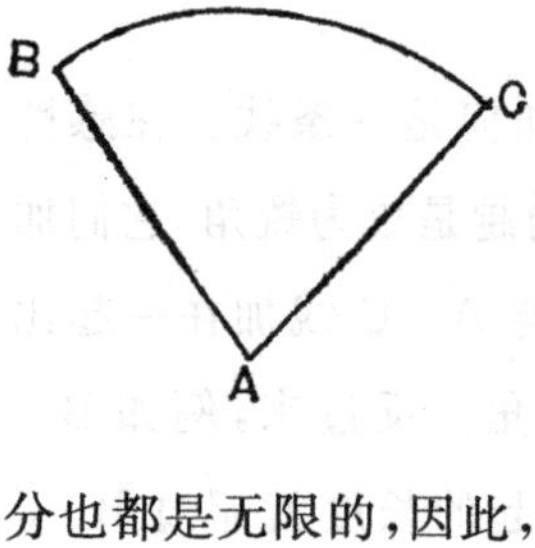

不仅是一个部分，而是在最充分含义上的圆周。我们必然得出结论，三角形A—B—C是无限的圆。

既然圆周B—C是一条直线和无限的，A—B就不可能比它更大，因为没有什么东西会比无限更大；事实上，它们并不是两条不同的线，因为不可能有两个无限。因此，无限的线，它既是一个三角形，也就是一个圆，这就是我们所要证明的。

这样便能很清楚地说明，无限的线也是一个球；我们已经证明，A—B线不仅是无限的圆的圆周，而且甚至就是那个圆本身；正如我们所说，在画出那个三角形时，它移动到B落于C时为止。现在也已经证明，B—C是一条无限的线，因此，A—B借着在它自己的轴上旋转一整圈，便回到了C；当一个圆这样旋转一周，它就必然产生一个球。那么，如果像我们所已经证明了的那样，A—B—C是一个圆、一个三角形和一条线，我们现在又已证明它也是一个球。事实上，这些就是我们所要考察的真理。

第十六章 极大同一切事物的关系可比之于无限的线同一切线之间的关系

我们现在既已知道，无限的线如何是有限的线中潜在的一切的无限现实化，我们便通过类比而得知，在单纯的极大中，极大本身如何以类似的方式，是一切单纯而绝对地可能的东西之无限现实化。因为极大是一切可能的东西的无限现实存在——我们必须注意，这里说的是无限现实存在，而不仅仅是那些可能的东西的有限实现。有一个例子可以说明我们的意思：一个三角形是从一条线引申出来的，无限的线却不是那种从有限的线引申出来的三角形；无限的线是现实地存在着的无限的三角形；它们是同一回事。还有，恰如无限的线是现实地存在着的球，所以在极大中，绝对的可能性本身和无限的现实存在是完全同一的。在有限秩序中却不是这样，因为那里潜在还不是行动，有限的线不是一个三角形。

我们现在看到，从这里可以推演出一些多么伟大的关于极大的真理，极大的本性怎么是这样的，即在极大之中极小就是极大，以致极大毫无区别地就是无限的一切。从这一原则出发，就可能推演出所有可能表述出来的关于极大的否定性真理；事实上，甚至一切我们可以学习的神学都来自这一伟大原理。就是由于这个道理，钻研一切神圣事物的最热情学者，亚略巴古的陪审员丹尼斯①在他所著《神秘神学》中写道，受祝福的巴托罗缪②证明了他多么出色地掌握了神学，因为他指出神学同时既是最大的科学，又是至少的科学。事实上，理解这个，就是理解一切事物，那却是超出任何有限智能所及的。在他所著《上帝的名字》中，丹尼斯说，上帝既然是极大，他就既不是这个又不是那个，既不在某一处又不在另一处，因为它是一切事物，所以它不是这些事物中的任何一个。在他

① 指《伪狄阿尼修书》的佚名作者，该佚名作者伪托《圣经·使徒行传》17 章所载雅典城元老法庭（Areopagus）的陪审员（Areopagite）狄阿尼修（Dionysius）于公元 490—520 年间写了一些神学著作，中世纪时，普遍被认为是真著，并将作者的名字同丹尼斯相混。十六世纪以来，不少人对此书提出怀疑，十九世纪中叶，被普遍承认为一本伪托著作，并发现还有其他一些不同时代、不同作者的著作也被混入这一作者名下。——译者

② 圣经故事中人物，耶稣的十二使徒之一，汉译圣经译作“巴多罗买”，《马恩全集》译巴托罗缪。——译者

的《神秘神学》的末尾，他作出结论说，上帝是一切事物的唯一完整原因，它不可能被限定于任何形式中；他是如此无限地高于一切，不依赖于一切，一切压制对他的卓越性都不发生作用。由此，他在给该犹的信中作结论说，上帝是人们所知道的，但是任何头脑和智力都不理解他。

所罗门拉比[①]的陈述与此一致，哲人们的一致意见是，"造物主不能为科学所了解，但他独自理解他自己的本质；靠比较，我们的理解力无法探索到对于他的了解。"在别的地方，他也写道："造物主真令人赞美！对于了解他的本性来说，科学是不适用的，智慧即是无知，自负的语言毫无意义"。在那里正是我们所寻找的有学识的无知；只是凭着有学识的无知，丹尼斯竭力用各种方法说明上帝是能够被找到的，我认为，即从我所提到的那个原则出发，而不是从任何其他的原则出发找到。

我们对于无限曲线的无限笔直所作思考中得出的结论，现在可以相比拟地用于极大的最单纯的无限本质；在一切本质之中它怎么正是那独一的无限单纯的本质；在它里面，事物的一切本质，不论是已经存在的事物的本质，还是即将发生的事物的本质，怎么都总是永恒地实现着它的那个特定本质；正如它是一切事物的本质，它也就是一切本质；它——一切事物的本质——怎么是一切事物的本质中的每一个，却因为它同时是一切，而又不是它们之中任何特定的一个。还有就是，和无限的线是一切线的最适当尺度一

① 即十一世纪的犹太哲学家本·伊萨克·所罗门，拉比是犹太教中一种教职，负责执行教规、律法，主持宗教仪式，泛指犹太教的宗教领袖。——译者

样，无限的本质怎应也正是一切本质的最适当尺度。

由于极大——它也就是极小——必然是一切事物的最准确尺度；因为它就是极小，所以并不太大；因为它正是极大，也不太小。一切能够被度量的事物都处于极大与极小之间，因此，无限的本质是一切本质的最适当而精确的尺度。

为了更清楚地看清这一点，请设想两条无限的线，一条线包含着无限数量的一尺，另一条包含着无限数量的两尺；它们却仍旧必然是相等的，因为无限不大于无限。正如在一条无限的线中，一尺并不比两尺小，同样，一尺两尺的问题也就根本并不影响无限的线的长度。再者，因为无限的每一部分也都是无限的，那么，无限的线中的一尺，就和两尺一样，都同等地就是整个无限的线。

与此相似，在无限的本质中，每一本质都是无限的本质本身；无限是一切本质唯一的、完全的精确尺度，在它之外，不存在任何本质的准确尺度，因为，如我们已经最清楚地证明了的，一切其他的东西都是有缺陷的，绝不是像它们所应该的那样精确。

第十七章 从前面的思考中得出的深刻真理

对这个同一主题，我们将继续我们的思考。一条有限的线是可以分割的，而一条无限的线，由于在其中极大与极小是同一的，所以它没有部分，因而是不可分割的。不过，有限的线除分割成线以外，不能被分割成任何别的东西；因为，如我们所已经知道的，在分割一个有广延客体时，我们永远达不到可能存在的最小的一个极小点。因此，有限线段的本质是不可分的：一条一尺长的线和一条一臂长的线同样都是线。我们没有其他的选择，只有作出结论说，无限的线是有限线段的本质性解释。单纯的无限就这样是一切事物的解释，这是以另一种方式说单纯的无限是一切事物的尺度。因此，亚里士多德在其《形而上学》中正确地断定，第一存在物是一切存在物的准则和尺度，因为他是一切事物的本质性解释。

再者，由于它的不可分割性，无限的线（有限线段的本质性解释）是不变的和永恒的；这些属性都相等地必须属于一切事物的理性——即永受祝福的上帝。按照这一点，我们就能够领会著名的丹尼斯所说的意思了，他说，事物的本质是不灭的；也可以领会其他人把理性称作是永恒的意思了；按照查尔西迪乌斯[①]的诠疏，神圣的柏拉图也在《斐多篇》中主张，一切事物只有一个模型或观念，而且它实在地存在于它自身之中；可是当涉及为数众多的事物时，似乎就有许多个模型了。但在事实上，当我思考到一条两尺长的线段、一条三尺长的线段等等时，我所辨别出来的是两件事情，一件是线的本质，这在每一条线中都是同一样东西，另外一件是两尺的线段与三尺的线段之间所存在的区别；这又好像两尺线段的本质的确不同于三尺线段的本质。现在，有限线段的本质性解释就是无限的线，不容怀疑，在无限的线中两尺线段与三尺线段之间并没有区别。因此，这两条线段只有一个本质，而事物或线段的互不

---

① 欧洲中世纪哲学家，柏拉图著作的诠释者，著有《柏拉图〈提迈欧篇〉诠疏》、《柏拉图〈斐多篇〉诠疏》等。——译者

相同并不是本质性的(因为只有一个本质)而是偶然性的,这是由于它们不同等地分享着本质而产生的。因此,一切事物只有同一个本质,这个本质以各种不同的方式被分享着。

我们在前面已经证明了,不可能存在两个完全同样的事物,或者换句话说,两个事物不可能按照确实相同的方式分享那同一个本质;各个存在物只能以各种不同的方式分享那同一的本质。以最完全的相等性分享一个本质的能力,只为极大或无限的本质本身所具有。正因为只有一个最完善的"一",所以"一"的相等者只能有一个;并且因为这就是那最完善的相等性,所以它就是一切事物的本质。

同样,无限的线只有一条,而且它是一切有限线段的本质;由于有限的线必然来自无限的线,正由于这个事实,它不能够同时既是有限的又是无限的,它也就不能是它自身的本质。因此,正因为不可能有两条确实完全相等的有限线段(因为恰正相等,即最大限度的相等,就是无限本身),所以也不可能找到两条线同等地分享作为一切事物唯一本质的本质。

再者,正如我们已经指出的,在一条两尺长的线段中,无限的线既不长于两尺也不短于两尺,在一条三尺长的线段中,它既不长于三尺也不短于三尺等等;因为无限的线是一体而不可分割的,所以,它整个儿全处在每一有限线段中。然而,无限的线整个儿在每一有限线段中,却并不是有限的和被分沾的东西。因为如果它是那样的话,那么,它若整个儿都在两尺长的线段中,就不可能也整个儿都在三尺长的线段中,因为一条两尺长的线段,并不就是一条三尺长的线段。因此,它在每一条线中都是完全的和整个的,因为它不是这些线中的任何一条，而一条线同其他的线之有差异乃是由于它们是有限的这一事实。

那么，无限的线是整个儿全在每一条线中，而且每一条线都在无限的线中。如果我们把这两个陈述结合起来思考——而且我们必须这样做——我们就清楚地看到极大如何是在每一事物之中，而并不在任何一个特定的事物之中。由于极大是凭靠那同样的本质而在每一事物之中，每一事物也在它之中，更由于极大自身恰正就是这个本质，所以它不是极大以外的任何其他什么，因而它也就是极大自身：极大作为一切事物的准则和尺度，的确与绝对的极大自身是同一件东西：极大就是极大。在一切存在物之中唯独只有极大存在于其自身之中，而一切事物都在极大之中，一如在它们自己的本质之中，因为极大就是一切事物的本质。

这些思考，特别是那无限的线的比喻，当悟性在神圣的无知中向着超出一切理解力的绝对的极大而推进时，可以成为悟性的一大助力。因为，由于各个存在物只不过分沾了存在而已，我们现在就清楚地看到，我们如何从一切存在物中除去那种分沾就达到了上帝；一旦那种分沾被消除了，留剩下来的就是无限单纯的实体，它是一切存在物的本质。只有通过最有学识的无知，心智才能把握这样一个实体，因为，一旦我在心智中除去一切分沾存在的东西，似乎就没有什么再留剩下来了。恰正因为这个理由，丹尼斯大师说，对上帝的理解，与其说是向某种事物的推进，不如说向“无”推进；神圣的无知还教导我，对于悟性来说似乎是“无”的东西，正是那不可理解的极大。

第十八章　从同样的思考中我们学到分沾存在的意义

前面的思考所给予的巨大悟性满足，只是作为一种刺激，促使我们老爱追根究底的头脑继续前进，去发现一条途径，更清楚地了解对独一的极大的这种分沾；在这里，我们还是要从无限直线的例子中取得帮助。

我们从这个例子中学到，一条曲度可以更大些或更小些的曲线不可能是极大或极小；一条曲线不是某种弯曲的东西，因为它只不过是“笔直”的一种偏离。极大的曲线与极小的曲度同样，都必须是一条直线，因此，一条曲线的实体是对“笔直”的分沾。那么，一条曲线的曲度愈小（例如一个较大的圆的圆周）就愈多地分沾“笔直”，这并不意味着它分得了无限直线的（更大）部分，因为无限的直线是不可能分割成一些部分的；但是，一条有限的直线愈长，它就似乎是愈多地分沾着绝对无限的线之无限性。有限的直线，由于它的直，就对无限的直线享有一个更直接、更无中介的分沾，而曲线的分沾就相当疏远和间接：极小的弯曲可以归结为“直”，那么它是通过“直”才得到分沾的。同样，有些存在物更直接地分沾着无限的自在实体，例如，单纯的有限实质，还有一些其他存在物，例如那些偶然性的东西，它们的分沾就不是直接的，而是通过它们的实质的。因此，不管分沾的各种不同形式，如亚里士多德所说，“直”是它自己的尺度，也是“歪斜”的尺度；正如无限的线是直线的尺度，也是曲线的尺度，同样，极大是那些无论以何种方式分沾存在的一切事物的尺度。

这就弄清楚了那条公理的意义：较多或较少并不改变一种实质的性质。这和另一个表述同样真实：一条有限的直线，就它是直的来说，不可能是较直一点或较不直一点；虽然就它们是有限的这个理由来说，以及就它们以不同的形式分沾无限来说，一条线是比另一条线更多直一点，或少直一点，从来找不到两条同等直的线。另一方面，一条曲线就其对“直”的分沾来说有程度上的不同；对于曲线同对于直线一样，程度的大小，是由于它们对直分沾的不同。这就是为什么等级高些的偶然性东西，对实质的分沾也多些，也就是为什么，如它的实质属于更高级别，它的等级也更高。从这一点就很清楚，存在物如何分别归为两大部类：它们或是通过自身分沾第一（存在）的实体，或是通过其他事物作为媒介而分沾，正如一切的线或者是直线或者是曲线那样。因此，亚里士多德把世上一切存在物分为实质和偶性的东西两类。

因此，对实质和偶性的东西的唯一完善的恰当尺度是绝对的极大[①]。虽然，正如我们已经看到的那样，他自身并不是实质或偶性东西，然而，就其胜过偶性东西来说，他就被称为实质，正如各个实质都直接分沾着他的实体那样。相应地，对“超实质的”和“超偶性的”这两个名称，丹尼斯大师选择前者来指称极大，因为它的意义较大而更为适当。“超实质的”一词（在这里）用来表征“非实质的”，因为，虽然超实质的表征者高于实质的某一物或某一位，但它并未适如其分地表达极大。因此，我们找到了一个否定表达法作

① 这一段译文加着重号的词原文都作大写，意味着上帝。——译者

为对他更为真切的称谓，这在我们进而讨论上帝的名称时将可以看到。

对从前面所论述的东西，人们可以进行漫长的研究来讨论实质和偶性的区别和种类，但这里没有篇幅这样做。

第十九章 无限三角形和无限的三位一体之间的类似

现在，我们可以从我们所确立的论题当中，即从无限的线是一个无限的三角形当中，学到无知了。我们已经证明无限的线是一个三角形；由于那条线是无限的，那个三角形也将是无限的。这个三角形的每一个角都是一条线，因为这整个三角形就是一条线。因此，无限的线是三重性的。但是不可能有一个以上的无限；因此，那个三一体是一个统一体（“一”）。

还有，我们从几何学知道，对着较大边的角是较大的角；但由于这里所说的那个三角形仅仅只有一条无限的边，那些角都将是尽可能最大的，将是无限的。因此，一个角不比其他两个角小，两个角也不比第三个角大；事实上，正如在一个无限的角以外不可能还有其他的角存在，在无限的量以外也不可能还有任何别的量存在。因此，一个角将会在另一个角之中，并且，全部三个角将是同一个无限的角。

再者，无限的线既不是一条线也不是一个三角形、圆或球，真实情况则是，如我们已看到的，它们毫无区别地是所有这些，所以我们可以同样地把绝对的极大看作是无限的线并称之为本质，看作是无限的三角形并称之为三位一体，看作是无限的圆并称之为“一”，看作是无限的球并称之为现实存在。

因此，极大是一种三重的本质，这个本质实际上又是一体的：这个本质与三位一体没有什么不同，三位一体与“一”也没有不同，现实存在与“一”、三位一体或本质也都没有什么不同；可是，在不形成任何一种复合体的情况下，本质、三位一体、“一”和现实存在，都是在最真实的意义上与极大合为一体的。极大存在着并且是独一的，以及极大是一个三位一体，这两条真理并不会在三位一体和无限单纯的“一”之间造成矛盾；三位一体就是“一”本身。

达到这一真理的唯一可能途径就是使用无限三角形的例子。从我们前面的思考中，我们已经尽人类之最大可能认识了那真实的三角形和无限的线；我们从这一知识出发，就将在有学识的无知中获得关于三位一体的知识。因为我们看到无限的三角形如何不同于有限的三角形：在有限的三角形中，我们找到一个角，然后找到另一个角，最后找到第三个角；而且，这些角是实际上相互不同的，它们仅能在三角形的统一体中形成一个复合性的统一体；可是在无限的三角形中，我们发现，一个角就是三个角，但并不在数量上多重化。由于这一点，最有学问的奥古斯丁正确地指出：“当你开始数三位一体的数目时，你就偏离了真理。”在神学中，我们必须尽可能预先把它们统一于一个单纯概念之中以排除矛盾；例如，不把差异和无差异看成是神学上的矛盾，而必须预先把它们置于无限单纯的本原中来思考，在这无限单纯的本原中，差异与无差异之间是没有区别的。这样，我们就会有一个比较清楚的观念，来理解三位一体与“一”怎样是同一件东西。事实上，在差异就是无差异的地方,“一”就是三位一体。这同样适用于位格的复多性和本质的统一性,因为,在多就是“一”的地方,位格上的三位一体就与本质上的统一性是一回事,反过来,凡在“一”就是多的地方,本质上的统一性就是位格上的三位一体。

我们的例子使这一切都清楚了,在这例子中,无限单纯的线是一个三角形,反过来,无限的三角形也是一条线。从这一点出发,这也是清楚的,即这个三角形的角不能用一、二、三来计数,因为它们全是互相同一的:正如圣子所说:“父在我里面,我也在父里面”[①],再者,一个真实的三角形必须具有三个角;那么,完全可以肯定,这里是有三个角,并且每一个角都是无限的,而三个角全都是同一个无限。还有,三角形的本性要求三个角应当是一一区别开的;这里,本质的无限一体性的本性却要求这三个角不是真正可区别的,而是同一个角。这也在这里证实了。

如我提出过的那样,如果你一开始就预先把表面的矛盾统一起来,你就不会有一和三,或三和一,而是有一个“一而三”或“三而一”。这是无限的真理。

第二十章 续论关于三位一体的教导:不可能有四个或更多的位格

再进一步,那个既是三而一并又被称为三而一的三位一体,就其本性来说,要求三者是一体的。我们只有从相互关系和次序中

① 见《新约·约翰福音》,第 10 章,第 38 节。——译者

才能形成有关这一点的任何观念：相互关系把不同事物统一起来，而次序则对它们进行区分；例如，在画一个三角形时，我们先画出一个角，然后是另一个角，最后从这两个角画出第三个角，于是这些角相互关联而形成一个三角形；并且，在无限里这是无限地真实的。不过，我们必须留心看到，在永恒中，我们关于"先在性"和"后在性"的概念，并不是相互排除的；否则，在无限和永恒中就不能有"先在"和"后在"的问题了。因此，圣父并不先在于圣子，圣子也不后在于他：圣父是在圣子并不后在的这种方式上而先在的。圣父是第一位格，但圣子在时间上又并不居于第二；恰如圣父居于并无先在性的第一位，同样，圣子和圣灵相应地居于并无后在性的第二位和第三位上。我们无需在这个问题上多费时间，因为这已经够充分地处理过了。

在关于永受祝福的三位一体这个题目，有一个论点很值得注意，那就是，极大是一个三位一体，而在极大之中任何超出三位一体的东西，例如四、五或更多位，就都会与它的单纯性和完善性相矛盾。任何多边形所能归结成的最简单形体就是三角形，事实上，它就是可能存在的最小的多边形。但是，我们已经证明，绝对的极小和极大是全相重合的。因此，三角形之在多边形中就如"一"在数中一样，并且，恰如任何数都可以归结为"一"，多边形也都可以归结为三角形。因此，与极小三角形全等的极大三角形包括一切多边形，因为无限的三角形对于一切多边形，就如"一"对于一切的数。

一个有四条边的形体不是最小的形体；三角形显然就比它还小。因为四边形比极小大，所以它必然是复合的；因此，它在仅与极小全等的无限单纯的极大中不能找到地位。再者,极大与“四角形”是相互排除的,因为一个四边形总是大于一个三角形,因而也就不能成为三角形的适当尺度,极大怎么能够是一个并非一切事物之尺度的东西呢?此外,四角形需依赖于另一事物而获得它的存在,是一个复合体,因而是有限的;这样的一个存在物怎么能是极大呢?

因此,现在已很明显,单纯的线首先潜在地是单纯的三角形(就多边形来说),然后是单纯的圆,然后是单纯的球;而且,这些基本形体,即仅有的可以从单纯的线的潜在中推导出来的形体,不能在有限中互相归结,而它们又把一切形体都包罗在它们之间。这样就好像是我们要构想出用来度量一切可度量的量的尺度一样;第一,为了度量长度,就必定要有与极小的线全等的极大的无限的线;然后,为了度量直线形面积,同样我们就需要有无限的三角形;为了度量圆形面积,就要有无限的圆;为了度量深厚度,就要有无限的球。仅只用这四种尺度,一切可度量的事物就全都能度量了。当然,所有这些都必须是无限的和极大的尺度,极小须与它全等;但既然不可能有一个以上的极大,我们就说这个独一无二的极大,它必然是度量一切量的尺度,也就是上面所说的那些尺度,如果没有那些尺度,极大就不可能成其为极大的尺度。然而,如果就极大本身来思考,而不涉及可度量的事物,那么,极大仍旧并不是,也不可能正确地被说成是这些尺度中的任何一个:因为极大不可相比地并无限地超越于这些尺度之上。那么,只是因为单纯的极大是一切事物的尺度,我们才给予它那些名称,而只有那些名称才使我们得以了解它如何能成为一切事物的尺度。这样,我们就把极大称为三位一体，虽然它无限地超越于每一个三而一的事物之上；但我们这样做的理由是，如果不这样，我们就不可能了解极大是那些事物的绝对原因、准则和尺度，那些事物的本质的一体性是三重的。例如，在形体中，三角形的统一性是三个角的三位一体。不过，除此以外，不管是三位一体这个词，还是我们关于三位一体的观念，都无限地够不到那无限而不可理解的真理，并实际上完全不能适用于极大。

因此，我们把无限的三角形看成是一切事物的无限单纯的尺度，而这些事物的存在是三重性的，例如“运行”就是具有三重存在的行动，即存在于功能、客体和行动之中；又如对比、美、关系、相互关系、自然欲望，以及一切其他事物，其本质的统一性都寓于复多性之中；特别是大自然的存在和运行，它寓于作用者、受动者，以及它们所产生的效果三者的相互关系之中。

第二十一章　无限的圆和“一”之间的类似

完成了我们对无限三角形的简要处理之后，现在，我们将继续以相似的方式来对待无限的圆。

圆是一种统一而单纯的完善形体。我们在前面已经看到三角形就是一个圆；因而三位一体就是“一”，并且，由于圆是无限的，那个“一”就是无限的；因此，它比我们能用图像来表示的、能为我们所领会的任何别的“一”，都无限地更加是一体的并与其自身同一。事实上，这种等同是如此地完全，使它甚至先于一切相对的差异，因为在它之中，差异性、多样性和等同性完全是同一个东西。由于这种无限的统一性，极大的全部属性就是没有多样性和差异性的极大：在他里面，并非善是一个事物而智慧是另一事物，它们是同一个东西。在他里面，一切多样性就是同一性：他的力量是如此无限地混一，以至它同时既是无限大又是无限小；他的延续是如此无限地混一，以至过去、现在和将来没有任何差异，形成了一个最完善的混一的延续，既没有开始又没有终结，那就是永恒。

事实上，在他里面，开始就是结束与开始同一的开始。

这些都是我们从无限的圆中推论出来的，这个圆既没有开始又没有终结，是永恒的、是无限混一的，和能量无限的。那么，由于这个圆是无限的，它的直径也是无限的；而且，这个直径也就是圆周，因为这个圆是无限一体的，并且不可能有一个以上的无限。但是，无限直径的正中也是无限的，并且，由于正中就是圆心，所以显然圆心、直径和圆周是同一回事。这里，我们在我们的无知中所学到的东西就是，极大，它同时就是极小，是不可理解的；在其中，圆心就是圆周。

这里，你看到，极大就其单纯性和不可分割性来说，如何因为是无限的圆心而整个儿地、完全地处于一切之中；也可以看到，极大虽然在一切之外，如何因为是无限的圆周而又包罗一切；还可以看到，极大如何因为是无限的直径而渗透一切。因为是圆心，所以是一切的开始；因为是圆周，所以是一切的终结；因为是直径，所以是一切的正中。因为它是圆心，所以是动因；因为它是直径，所以是形式因；因为它是圆周，所以是目的因。因为是中心，它产生存在；因为是直径，它起支配作用；因为是圆周，它保持在存在之中。此外还可以推导出许多类似的结论。

因此，你就明白，极大如何是一个既不相同于，也并非不同于任何其他事物的存在物；而且，你也就明白，一切事物如何在它之中，从它而来和受它支配，因为它是圆周、直径和圆心。实际上，它并不是一个圆、圆周、直径或圆心，但是，由于它的无限单纯性，我们必须通过这些比较去研究它，于是我们发现它包罗了存在的一切和不存在的一切；所以，非存在在它里面，就是无限的存在，正如极小在它里面就是极大一样。它是一切循环运动的尺度，从潜在到行动，以及从行动回到潜在；它是一切复合体的尺度，从基本要素到个体，以及从个体的分解又回到它们的基本要素；它是完美的循环形式、循环运转以及各种达到它们自身并又回到它们的起点的运动的尺度；相仿地，它也是一切这类运动的尺度，这些运动的统一性在于一个永恒的循环之中。

从这个对于圆的思考，可以演绎出许多关于“一”的完善性的论点：但为了简洁，我把它们省去了，因为它们是人人都可以简便地从前提中得出的结论。我想请你特别注意的是，一切神学如何都是循环性的，并处于一个圆之中，其循环性甚至达到这样的程度，说明属性的用语实际上都可以互相转换使用：无限的正义就是无限的真理，无限的真理也就是无限的正义，一切其他用语也都是如此。这种研究，如果你喜欢继续进行，可以对神学中无数个至今无法索解的问题提供许多启发。

第二十二章 在上帝的旨意中矛盾被调和

既然我们现在可能已经更加意识到从前面的思考中所得到的

洞察，现在让我们转而研究上帝的旨意这个题目上来。我们从已经讲到的就可以清楚了解，上帝包罗一切事物，甚至连矛盾也在内；因此，我们就可以推论出，没有什么东西可以逃出上帝的旨意。无论我们做这件事，或者做与这件事相反的事，或者什么事也不做——这一切都内涵地包罗在上帝的旨意中。除按照上帝的旨意外，什么也不会发生。

这样，上帝就可能预见到了许多他并未去预见和并不要去预见的事物；上帝也预见到许多他能够不予预见的事物；然而对神的旨意还是不可能有任何增加，也不可能有任何减少。作个比较来说：人性是独一的和单纯的；如果有一个不曾料到会出生的人生下来了，这对人性并不能有所增加；如果他没有出生，人性也不会失去什么，这就恰如当那些人一生下来就死了，人性也并不会失去什么一样。解释是，人性既包括那些现在已存在的人，也包括那些现在还不存在，将来也不会存在，虽然可能会存在的人。因此，即使绝不会存在的事物也会发生的话，也不会对上帝的旨意有何增加，因为它同等地包含着实现了的事件和那些虽有可能，却还未发生的事件。许多事情的潜在性永远保持在仅是可能性的状态，并且从未实现过；但是，如果一切仅是可能的但没有发生的事情也都是上帝的知识对象，上帝对这些对象的知识也不仅是可能的知识，而是现实的知识，虽然从这一点并不能得出，这些对象是现实地存在着。因此，在人性中可以说，包含了无限数量的主体，并由无限数量的主体所构成，即不仅包括那些曾经存在过的、现在还存在的和将要存在的人，而且也包括那些虽可能存在却永不会现实地存在的人；人性就是这样在保持不变的情况下包罗着各种各样的不同内容，就像无限的“一”包含每一个数一样。上帝的无限旨意也是这样：它包罗将要发生的事物和虽然有可能发生但不会发生的事物；而且它很像“类”包括不同的“种”那样包含着彼此相反的事物。上帝对事物的知识并不遵从时间的次序，因为上帝并不是把将来作为将来去认识，不是把过去作为过去去认识，他只知道一切事物都会在他不变的永恒中变化。

那么，上帝的旨意是不可改变的，不可避免的，并统括一切的；因此，对于他的旨意，可以正确地说，一切事物都是必然发生的。事实上，在上帝里面的一切事物就是上帝，而且他本身就是绝对的必然。因此，很显然，那些永不会发生的事物，是上帝以我们所描绘的方式所预知的对象；虽然这些对象仅仅作为可能性而被预见到。上帝所预见到了的事物，是他必然已经预见到的，因为他的旨意是必然的和不可改变的；然而他也能预见到相反的事物。说上帝的旨意统括一切并不意味着在其中一切事物都有现实的存在；另一方面，说一个事物现实地存在着，就意味着它包括在上帝旨意的范围之内。例如，虽然明天我可以在读书与不读书两者之间进行选择，但无论我选择哪一项都是上帝的旨意所知道的，因为相反的东西也都在上帝的旨意的对象之中。因此，无论我想选择去做什么，都将正好做得同那神圣的旨意相合。

现在已经清楚，关于上帝的旨意以及其他类似题目，我们是怎样从前面的思考中达到真理的。这些思考向我们显示，极大是这样的一个存在物，没有任何事物处于其对立面上，因为一切存在物，无论以什么方式存在着，都在他里面，他也在它们里面。

第二十三章　无限球体和上帝的现实存在的类似

现在应是对无限球体略作思考的时候了。在无限球体中，我们发现长、宽和高三条无限的线在球心相遇。但是，因为无限球体的中心等于直径和圆周，它也就等于这三条线；不仅如此，它与长、宽和高三条线都全部等同。因此，球心将是绝对单纯和无限的极大，而从其中看到的长、宽、高则是绝对单纯和不可分割的极大。高也就是与圆周一样的东西，因为球心先于一切的长、宽、高，它既是无限球体的中心，它也是这一切的终端和中点。恰如无限球体是绝对单纯的，并作为整体行动着，所以极大是绝对单纯的并作为整体行动着；恰如球体是线、三角形和圆的行动，极大也是一切事物的行动。这一点说明了为什么每一个具有现实存在的事物都是从极大获得其现实性的，每一个存在物的现实存在程度如何是由它在无限本身中的现实性来度量的。因此，极大是诸形式的形式，是存在的形式，或者是现实的无限实体。

这个思考把我们引向巴门尼德的一个非常微妙的思考："神就是这样一个存在物，在他里面有任何事物存在即意味着有一切事物存在"，因此，如球体是诸形体的绝对终极的完善性，极大也是一切存在物的绝对完善性。这一点是如此地真实，以至在极大中的一个不完善性也是无限的完善性，恰如无限的线是一个球体，一条曲线是一条直线，复合性是单纯性，杂多性是同一性，差异是统一等等。在不完善性就是无限的完善性，可能性就是无限的行动，如此等等情况的地方，怎么还会有任何不完善性呢？

极大既然可说就是无限球体，现在就可以明白，极大如何是度量宇宙和一切存在于其中之事物的独特无二的、最单纯和最适当的尺度，因为在极大中全体并不大于部分，就如球体并不大于无限的线一样。因此，上帝是整个宇宙的唯一而无限单纯的本质性解释。球体是按照无限旋转而被生成的，作为无限球体，上帝就是一切旋转的无限单纯的尺度。事实上，一切生命、运动和智能都是从他而来，在他里面，并通过他才存在的；并且，就他来说，第八层天球的旋转并不小于无限球体的旋转，因为他是一切运动的终极，而且在他里面，一切运动最后都归于静止；因为他是无限的安息，一切运动都要在其中静止下来。恰如无限的直是一切圆周的尺度，而无限的现在或永恒是一切时间的尺度，所以无限的安息是一切运动的尺度。因此，在上帝里面，一切运动都像达到了它们的终点那样地归于静止，而每一个在上帝里面的潜在性，如在无限的行动中一样，都要被实现出来。因为一切运动都是一个趋向存在的倾向，它必须具有它的最后终点，并到上帝里面休息，他乃是一切存在的实体、形式和行动。

因此，他是一切事物的目的因。但是，诸存在物既然都是有限的，因而上帝作为它们的目的地对它们的吸引，必然是互相不同的。有些存在物通过其他事物的中介而被吸引，其方式很像线通过三角形和圆而被球体吸引，三角形通过圆而被球体吸引，圆则直接被球体吸引。

第二十四章 上帝的名字和肯定式的神学

我们正在上帝的帮助下,用数学例证为辅佐,在我们的无知中努力取得对绝对极大的一个较充实的知识。为了完备我们的知识,现在让我们转回到极大的问题上来。如果我们把已经说得次数够多的话牢记在心,这个探讨就不会带来许多困难。

由于极大是绝对的无限,因而也就无差异地是一切事物,这就很清楚,它不能有一个确切的专名。事实上,一个事物区别于其他事物的,是这一事物的个别本质;一个事物被命名,总是根据其个别本质的。在绝对没有差异的情况下,就不可能有确切的专名。

黑尔穆·特里斯默基斯图[①]由于这一理由而正确地指出:"因为上帝是一切事物,所以它没有专名,因为如要给以专名,就必然会或者以每一个名称给他命名,或者用他的名字来称呼一切事物",因为在他的单纯性中,他即是完完全全一切事物。Deus[②]这个名称对于我们来说只不过是四个字母所组成的词(四符词)[③],而且是不可说的,是专适用于他的,因为这个名字是由于他自身的本质而属于他的,并不涉及与被造之物的任何关系;但是,按照黑尔穆的看法,这一专名必须从"一与全",或更恰当地说,"全在一之

① 传说人物,古代埃及的一个占星学家,古埃及《奥秘书》的作者。——译者

② 拉丁词,意为神。——译者

③ tetragrammaton 四符词,是希腊文中专指 JHVH 这个只标出子音符号,因而是读不出来的词,见于犹太教的希伯来文《圣经》,指犹太教的上帝,后被基督教人误读为"耶和华"。——译者

中"这个意义上来了解。在前面有一章中,我们学习到无限的"一",它也就是"全在一之中";事实上,"一"甚至似乎是比"全在一之中"更加好些的和更加恰当些的称呼。就由于这一理由,先知这样说:"到那日,上帝必为独一无二的,他的名字也是独一无二的";[①]另一处还说:"以色列[②](即上帝在悟性中的显圣)啊!你们听着,耶和华,我们的上帝是独一的主。"[③]

上帝被称为"一",并不是以我们使用"一"一词的意义,也不是像我们对这个词所理解的那样。由于他超越于一切理解之上,他是超越于一切名称的一个更加高大者(fortiori)。给予事物以名称的是理性(它比悟性低得多),是为了把一个个区别开。矛盾的调和是超出于理性的,所以理性很自然地使每一名称都与另一名称对立起来,例如,理性自然地就把复数或众多与"一"对立起来。上帝不是被称为这一意义上的那个"一",而是差异,多数,众多都在其中完全同一起来了的那个"一"。对我们说来,这就是那极大的名称,这个名称,就和极大一样,把一切事物都包罗在它的绝对的"一"之中;"神"是一个不可说的和超越于我们理解力之上的名称。

谁能理解那无限地超越于和先在于一切差异的无限的"一"呢?——它把一切事物都包罗在它的绝对的"一"之中,但又并不是复合体,——在它里面,既无杂多,又无区别,在那里人与狮子没

---

① 见《圣经·撒迦利亚先知书》,第14章第9节。——译者

② 《圣经》中人物,以色列原名雅各,后来上帝向他显圣,并给他改名为以色列。见《圣经·创世记》,第32章。——译者

③ 《圣经·申命记》,第6章第4节。——译者

有区别，天与地没有区别。可是它们却确确实实地都在那里，不是具有它们的个体局限性而存在，而是“全在于一之中”，即极大的“一”本身中。因此，如果我们能够了解这样的一个“一”，并给它找到一个名称，它虽然是独一的，但又是一切事物，它同时是极小和极大，那么，我们就找到了上帝的名称。但是，因为上帝的称谓就是上帝，他的名称只有那本身就是极大并且也叫做极大的悟性才知道。于是，我们有学识的无知就在这里教导我们，虽然“一”似乎是极大的更适当的称谓，但它还是无限地够不上成为极大的真正名称，就是唯一的极大。

从这里可以清楚地得出结论，我们给上帝确定的那些名称，是就它们运用于被造之物时所具有的特殊含义而借用于他的，由于这一理由，它们只能作为指小名称而用之于他，那是无限地够不上成为他的真正名称的。因为一个词总是特殊的，它标志着一种差异，并暗示着它的对立面，它只能按照我们所描绘的那种方式而运用于上帝；正如丹尼斯所说，作为确定的名称是不适用的。举例来说，如果我们称他为真理，那么，它的对立面错误就进入思想中了；如果我们称他为美德，就暗示了邪恶；如果我们称他为实质，我们就遇到了偶性；其他等等也都是如此。他是一个实质，但他是这样的一个实质，即既是一切事物，又没有什么东西与之对立的实质；他是真理，但他是这样的真理，即没有任何差异地是一切事物的真理；因此，这些特殊名称只能作为无限微弱的指小名称而借用于他。每一确定名称都可以说是把它所表示的事物的某些方面加之于上帝：但是，他是一切事物，同时也是某一个事物；因此，一切确定名称都是不适合的。如果使用确定性的名称，那么，它们仅能在他与被造之物发生的关系中用于他；并且，这并不意味着他依赖被造之物而得到这些名称（极大不可能从被造之物得到任何东西），这些名称之所以是他的，乃是由于他对于被造之物的无限权力。在时间开始以前，上帝本来是能够进行创造的，因为，要不然，他就不是无所不能的了；所以，"造物主"这个名称，它可以在涉及被造物的情况下用之于他，也可以运用于任何被造之物尚未存在之前，因为从永恒中创造也是在他的权力之内的事。同样的道理也适用于正义以及一切其他确定性名称，那都是我们从被造之物借用而来，由于那些名称所表达的完善性而类比地用于上帝的。但是，甚至在我们把这些名称归属于他以前，这些名称从永恒起就已真正包含在他的绝对完善性和它的无限名称之中了，就同这类名称所代表的事物，亦即我们把名称借来转用于上帝的事物也都早已包含在他之中一样。

这个情况对一切确定名称都一样，甚至像三位一体、位格、圣父、圣子和圣灵都是参照被造之物而被用来命名的。举例来说，因为神是"一"，所以，他便是生育圣子的父；因为他是"一"的等同者，所以，他便是被生出来的圣子；因为他是这两者之间的联系，所以，他便是圣灵；那么，他被称为圣子显然是因为他是实体或存在的"一"的等同者。这就弄清楚了，圣子这个名称也是参照那样的一些事物，即上帝从永恒中能够创造却并未创造的那些事物而命名的。他之所以是圣子，乃是因为他是存在的等同者——那是这样的一种等同，即它使得除这种等同所要求的以外，不可能有更多的存在，也不能只有较少的东西存在；换句话说，他之所以是圣子，乃是由于他甚至相等于神并没有打算要创造，虽然他有能力使它们的那些事物的实体存在。否认他的这种能力就等于说他不是圣父或圣子或圣灵；事实上，这就会成为否认上帝的存在。因此，在更深入的细察之下，你就会看到，圣父生圣子，意味着在“道”中创造万物。因此，我们看到，奥古斯丁把“道”也叫做关于被造之物的设计图和范本。因此，上帝是圣父，因为他生育了“一”的等同者，他是圣灵，因为他是他们相互之间的爱。所有这些词之所以都是关系到被造之物而使用的，从下列事实可以明白看出，即被造之物的开始是由于上帝之为圣父，它的完成是由于上帝之为圣子，它的与宇宙秩序相适合是由于上帝之为圣灵。三位一体的这些踪迹可以在一切事物中找到。奥古斯丁也在他关于《创世记》的下列文句的注释中表达了这个意见，他在对“起初，上帝创造天地”①这句话作注释时说，上帝作为圣父而在事物开始时创造它们。

因此，在神学中对上帝所作出的一切确定名称都是拟人式的，甚至包括那些最神圣的，在它们里面供奉着神圣知识的最高奥秘的，并为希伯来人和迦勒底人所使用的名称。这些名称的每一个都只表达上帝的某一特殊属性；除那个由四个字母组成的字（四符词），即在我们前面的说明中叫做不可说的 ioth－he－van－he 以外②，没有神的专名。哲罗姆③以及所罗门拉比④所著《不偏于任何

① 见《旧约·创世记》，第1章第1节。——译者

② 希伯来文中的四个子音符号，相应的拉丁字母的 JHVH 或 YHWH。犹太教用它来表示上帝的名字。但因禁止读出声来，故只标子音符，而不标母音符。后被基督教人误读作“耶和华”。——译者

③ 五世纪初的拉丁教父，《通俗拉丁文本圣经》的译者之一，该版本的圣经后被定为天主教会的官定范本。——译者

④ 见本书第31页注①。——译者

一边的领导者》一书中，都对此作了详细说明，可参考。

第二十五章 异教徒所使用的各种拟人式

异教徒也以类似的方式从各种被造之物的性质中给他们的神取名字。例如，他们把神称为朱庇特，是因为他的杰出的善良（按照朱利叶斯·斐尔米库斯[①]所说，朱庇特是那样一颗怀有好意的行星，如果它单独统治天空，人们就会不死）。他们也把神称为萨都尔恩，这是由于他思想的崇高和在生活必需品上的多所发明[②]。称神为玛尔斯，是因为在战争中的得胜；称神为墨丘利，是因为他的审慎，称为维纳斯，是因为保全自然界的爱，称神为太阳是因为他是宇宙间物理变化背后的力量，称神为月亮是因为它维护增添生活活力的情调，称神为丘比特，乃是由于两性之间的爱情。神也由于同样的理由被称为自然，由于自然是凭借两种性别而保全各种不同种类万物的。黑尔穆认为，两性可以在一切存在物中找到——动物和非动物都一样；因此，他论证说，一切事物的原因——神——在他自身之中就包含了男性与女性，他相信，维纳斯和丘比特就是女性和男性的表现。瓦勒努·罗曼奴斯也有这个看法，并且歌颂一位全能的朱庇特，他既是父神又是母神。他们的结论是，丘比特（这个名字源自一个事物对另一事物的欲求）是自然美女神维纳斯的女儿，而维纳斯本身又是朱庇特的女儿，朱庇特则

---

① 四世纪时的拉丁占星学家。

② 罗马神话说，萨都尔恩教人耕种和发明文明生活所需的各种工具和用品。

是大自然和侍候大自然一切事物之全能创造者。

异教徒的庙宇和类似的纪念建筑物进一步证明他们把在被造之物中所看到的各种完善性的名称归之于神；例如，我们有平安神庙、永生神庙、谐和神庙以及万神殿；在万神殿中央的空场上筑有一座祭坛，是为那没有名称的无限名称的神而修筑的。所有这些名称都表达那个不可言说的名称所意味的东西；由于那个专名是无限的，它包括所有各指某一特殊完善性的无数名称。不论这类名称的数量能有多大，它们永不能多到或大到不能再增加的地步，因为每一个名称对于那不可言说的专名来说，都正如有限对于无限那样。古代的异教徒嘲笑犹太人敬拜一个他们所不知道的唯一而无限的上帝，可是他们自己也在崇拜他，在崇拜他的各种表现，换句话说，是在任何看到他的各种神圣作为的地方崇拜他。在那时，人们一致承认那独一的无限上帝的存在，并且不能有比他更伟大的神存在；他们之间的不同只在于有些人，如犹太人和西生尼人，崇拜神是崇拜神的无限单纯的"一"，在其中包罗着一切事物，其他的人则从感性征兆中看到引向其原因和本原的向导，随便在那里看到神的表现，就在那里崇拜他。

纯朴的人们被后一种方法引入错误之中，因为他们不是把那些感性表现看成只是一个形象，而是把它们看成真理本身。这样的结果是大群大群的人成为拜偶像者，而大部分哲学家则对神的"一"继续保持着一个正确观念，任何仔细阅读过古代哲学家著作和西塞罗的《论神的本性》的人都可以证实这一点。

我们不否认，有些异教徒不理解作为事物实体的神除了经由抽象过程外，怎么还能够以任何其他的方式存在于事物之外——

恰如，原始物质之存在于事物之外就仅仅是由于悟性的抽象。像这样一些人，是在被造之物中崇拜神，并用理性的论证来支持他们的偶像崇拜。有人认为神可以在祈祷中对之呼求。例如，西生尼人在天使中求告神，异邦人在树木中，如在太阳树、月亮树中求告神；其他的人们在空气中、水中或以一种确定的祈祷程式而在庙宇中求告神。我们前面的思考已指明他们是如何地被引入了歧途，他们偏离真理多么远。

第二十六章　否定式的神学

既然上帝应在精神和真理中崇拜，对上帝的崇拜就必然落脚于对上帝的教义确认；由于这个理由，每一种宗教的崇拜都必然是由肯定式的神学来发展的，上帝作为"一"和"三"而受敬拜，作为最智慧的、最善良的、不可及的光，作为生命、真理等等来受崇拜，并且崇拜总是受信仰所制约的，这种信仰则更为确定地是通过有学识的无知而得来。例如，人们通过信仰承认，作为独一的东西而受敬拜的上帝既是独一的又是一切；作为不可及的光而受崇拜的上帝不是以黑暗为对立面的那种物质的光，而是那绝对单纯和无限的光，在其中，黑暗也是无限的光；作为无限的光本身的上帝，总是照耀在我们的无知黑暗中，但是黑暗不能掌握光。因此，否定式神学对于肯定式神学是这样地不可缺少，如果没有否定式神学，上帝就不是作为无限来受崇拜，而是作为被造之物来受崇拜，这就是拜偶像了，或者是把只应当归于真理的东西归于一个形象。那么，关于否定式神学再补充几句话是会有用处的。

神圣的无知教导我们，上帝是不可言说的，因为上帝比言辞所能表达的任何事物都无限地更大。这是如此地真实，我们如要更加接近关于上帝的真理，须通过消除法和使用否定命题才行。由于这一理由，最尊贵的丹尼斯不愿意称上帝为真理、悟性或光，或者任何人声所能说出的名称；在这一点上，他又受到所罗门拉比和一切有智慧者的人效仿。因此，按照这种否定式神学，上帝既不是圣父，又不是圣子，也不是圣灵；只有一个词可以用于他，即无限。作为无限的真正无限并不生育，也不被生育，而且也不延伸——关于这个无限，普瓦提埃的希拉里[1]在区别神的三个位格时，讲了这样一句不易捉摸的活："无限在永恒中，物种在形似中，社交在礼物中。"他的意思是说，我们在永恒中所看到的一切就是无限；并且如果无限就是永恒这一点是真实的，无限仍旧是一种否定，而且由于这一理由，它仍不能被设想为是生育的一个本原。另一方面，永恒则可以清楚地这样设想，因为永恒是一种对无限的"一"的肯定，或对无限现在的肯定，因此，它是一种不是从任何其他东西延伸出来的本原。"物种在形似中"表达从一个本原出来的本原，而"社交在礼物中"则指从这二者出来的延伸。

我们所已经讲到的这一切都已足够清楚了。事实上，我们知道永恒是无限，并且这两者都以同样的方式属于圣父。然而，从这方面来思考，永恒是圣父的属性，但不是圣子的属性，也不是圣灵的属性，而无限则同等地属于所有这三个位格。从"一"的角度来思考，无限是圣父，从"一"的等同者的角度来思考，那就是圣子，从

① 四世纪法国普瓦提埃城的主教，曾作过 12 卷论三位一体的书。——译者

联系的角度来思考，那就是圣灵；但是，如果不是从这些角度中的任何一个来思考，而是绝对地就其本身来思考，无限关于圣父、圣子、圣灵都没有说什么，也没有说到在上帝里面的“一”或众多。按照否定式神学，只有无限是我们在上帝里面所找到的一切。然而，事实仍旧是：无限，永恒也一样，是三个位格中的每一个，反过来，三个位格中的任何一个也都是无限和永恒。那么，就否定式神学而论，我们必然得出结论，不论在今生或来世，上帝都不可能被认识。只有上帝认识他自己；对于被造之物，他是不可理解的，就像无限的光对于黑暗一样。

从这一点就可以搞清楚，在神学中否定式命题如何是真实的，而肯定式命题则是不充分的；也可以搞清楚，在否定式命题中，从无限完善性中排除了较大的不完善性的那些命题就更为真实。例如，否定上帝是石头就比否定上帝是生命或理智更真实一些——否定上帝是无节制的，就比否定上帝是有美德的更真实一些。在肯定式命题中，相反的关系也是适用的，肯定上帝是理智和生命就比肯定上帝是泥土、石头或任何其他物质东西更为真实。

所有这些论点都已经充分清楚，给了我们这样的结论：绝对真理以我们无法理解的方式启迪了我们无知中的晦暗。那正是我们一直在寻求的有学识的无知。我们已经表明了对极大——无限善德的三一神——的唯一探讨途径如何经历了在学习中的这个无知的各个阶段，因此，也表明了在我们的一切摸索中，我们如何总是能够由于上帝向我们显示他自己所作的启示而颂扬他，颂扬这位无法理解者。

愿上帝永远超越一切地受祝福。

卷 二

引 言

我们已经使用一些图像详细地阐明了无知的科学在关于绝对极大的性质方面所给我们的教导。现在让我使用同样的方法，并使用我们从无知的科学中所得到的微光：去进一步研究其存在完全依赖于绝对极大的宇宙。

宇宙由于是一个结果，没有什么东西从自身而来，而是一切都来自其原因，并处于同其原因以及其存在理由尽可能最切近的相似样态中。因此，在绝对范型仍不得而知的情况下来讨论结果的性质，这种困难谁也逃避不了。因此，幸亏我们已对无知的科学学习过，这不是说它已使绝对真理处于我们的掌握之中，而是说它给予了我们一种我们不可能企及的知识；结果是，我们虽然还是无法理解绝对真理，但我们至少已能看到绝对真理确实存在。确立这一点就是本卷的目的。我把它托付于你的善意，请你判断我的努力的价值。

第一章　从已经确立的命题推论宇宙的统一性和无限性

如果作为序论,我们先回顾一下从我们的原则已经导出的推论,关于无知的学说便将受益不浅。这些推论除了可以帮助我们对许多相似问题用同样的方法作出进一步的演绎外,它们也将对下一步需要进行的探讨给予启发。

我们已经将这一点作为一个基本原则,即如果我们发现有不同程度的差异存在,那就不可能达到一个现实的和最大可能的极大。从这一点出发,我们接着就看到绝对的相等只能用以指称上帝,这样就可以得出结论,除上帝以外,一切存在物必然相互不同。因此,没有一个运动可以相等于另一个运动,没有一个运动可以作为另一个运动的尺度,因为在度量者与被度量者之间存在着必然的差异。

这一点将在无数方面证明对你有价值。例如,如果你去考察天文学,你就发现它的计算缺乏精确性,这是因为它想当然地认定一切其他行星的运动都可以用太阳的运动去度量。有关天体的任何一种位置即有关星球的升起和降落或天极及其周围的一切星球的高度的天体图,也同样不可能得到确切的知识。因为任何两处的时间和空间因素都不可能完全相同,所以,在天文学家的判断中显然绝不可能指望在细节上具有精确性。

如果下一步你把这一数学规则转而运用于几何学,你就看到,没有两个形体,也没有任何两个量可以完全相等:现实的相等在这里是不可能的。虽然为描绘一个形体相等于另一个形体而订下的规则,可以在理论上是精确的,但在不同的具体形体之间仍旧不可能完全相等。从这里你就达到了一个关于相等的准确观念,那是由悟性剥除了它的各种物质属性的相等;那才是真正的相等;那是不论多大的实验知识都不能给予你的,因为在各种事物中只能找到种种程度的相等性而已。

我们的规则在音乐中也可以得到证实。不可能找到两件事物在重量、长度或厚度上完全相等;同样,笛子和其他乐器的各种音调,钟和人声的音调也不可能协调到不能更协调的程度。以各种人声来说,如各种乐器一样,所有的人声都只是相对地正确,都按照地点、时间、自然特征等等而必然互不相同。因此,最完善的、毫无缺陷的和谐不可能为耳朵所知觉,因为它不存在于感性事物之中,而只是作为一种理想之物而为心灵所设想。从这里,我们可以形成某种关于最完善的或无限的和谐的观念,这种和谐是一种相等中的关系。一个人只要他还在肉身之中,他就不可能听到这种和谐,因为那完全是精神性的,并能把灵魂的本质引向其自身,就像无限的光能吸引一切的光朝向其自身一样。因此,这种无限完善的和谐,只有在灵魂一旦摆脱感性事物的羁绊而达到魂游象外[①]的境界才能由悟性的耳朵听到。在这里可以通过对悟性的和理性的灵魂不灭所作的默想,以及对那个本质性的不朽所作的默想体验到沉思的许多甜美之处,这种默想使灵魂能在音乐中找到

---

① ecstasy,汉译《圣经》译作"魂游象外"。这个词源出希腊文 ekstàsis,基督教神秘主义的一种信仰,据称,虔诚的信徒可在沉思默想中受上帝的神秘感应,灵魂暂时超脱肉身遨游于非物质世界,肉身却既非在梦中,也非死去。——译者

自己的形象，既是相似象又是其对照象；这种甜美也可以从对于永恒的喜乐所进行的默想中得到，这种永恒的喜乐正是那蒙福信徒们在肉身死后所应得的。关于这种蒙福信徒们的永恒喜乐，我们在别处将有所论及。

还有，如果我们把我们的规则运用于算术，我们就看到，哪里有二，哪里就必然有差异；而且一个数量变化便能引起一切事物的无限变化；包括组合、合并、比例、和谐、变易等等——这一事实向我们说明为什么我们是无知的。

在任何事物上都没有两个人的看法等同；他们的感官知觉不同，他们的想象不同，他们的悟性不同；而他们的活动，不论采取什么形式，不管是写，是画，或者任何其他艺术形式，全都互不相同。即使一个人费一千年的时间狂热地试图模仿另一个人的某一点，他也绝不能达到恰正相同地再现它的地步，虽然有时候差异可以小得感官不能察觉。艺术尽可能地模仿自然，但它绝不能恰正相同地再现自然的原样。我们也看到医药、炼金术、魔术以及其他各种变化法术都不能达到绝对真实，虽然，几乎无需说明，相比之下，一种技艺是比另一种更真实一些；例如，医学就比各种变化法术更真实一些。

从这同一原则，我们就得出这样的结论：在有对立面的地方，如在有单纯与复合、抽象与具体、形式与质料、能朽与不朽等等的地方，我们就看到“程度”的存在；因此，绝不可能达到这样一点，在那里一切对立完全停止或者两个事物绝对同一。一切事物都是由不同程度的对立而构成的；在它们之中，这一方面多些，另一方面就少些，它们的性质则得之于主导的对立面。因此，任何理性探讨的目的都是要找出在一个事物里复合性如何寓于单纯性之中，而在另一事物里，单纯性寓于复合性之中，在一个事物里可朽性如何寓于不朽性之中，而在另一事物里则恰恰相反等等。关于这一点，我们将在我的另一著作《猜想篇》[①]更详细地加以讨论；但在这里，这几句说明已经足够作为有学识的无知的非常有效的证据了。

为了更好地按照我们的计划进行，我再重复一遍，即绝对不可能达到一个极大，也不可能达到一个极小，因为，从我们对于数和对于一个连续统[②]之分割的研究，我们已清楚地知道，我们绝不能进到无限。既然如此，就可以清楚地得出，对于任何给予的有限存在物来说，在力量、数量、完善性等等方面，总是可能找到一个更大者或更小者的。在假定已达到了无限的地方，说是还能存在较多或较少的程度，就是一个矛盾，因为无限的每一部分也都是无限的。因此，在无限中不能允许有程度；程度也不能存在于那些以某种方式与无限成比例的事物中，因为这种事物也是无限的。即使我们假定有可能存在一个实际上无限大的数目，在这样一个数目中，二就会并不小于一百；由无限数量的两尺长的线所连接成的一条无限的线，也并不比由无限数量的四尺长的线所连接成的一条无限的线较短。对一切能存在的事物给予存在是上帝的权能。因此，除非上帝是一举之下创造绝对极大的(在第三卷中，我们将看到他确曾这样做)他就能创造得比他实际创造了的更多或更少。

只有绝对的极大是否定式的无限的，而且因为这个理由，只有

---

① 尼古拉的第二本著作，写于1440—1444年间，在《论有学识的无知》(写于1439—1440年间)尚未全部写完时便已着手撰写，主要论述认识论问题。

② 数学名词，指一个连续性数集的总体。

它是能存在的一切。另一方面，宇宙却不能是否定式地无限的，因为，它虽然也包罗了一切，它却并不包括上帝在内；可是，如果我们把它看成是无首尾的，因而也就是消极性地无限的，我们就只好说它既不是有限的又不是无限的。事实上，它不能比它现在的大小更大，由于这个理由，那个可能性或质料就缺乏那种伸展到自身以外的力量。说"宇宙总是有能在实际上更大一些"就等于说"可能的存在变成现实的无限存在"，这是荒谬的；因为无限的现实存在，也就是绝对的永恒，是存在之全部可能性的现实化，而这是不能从可能性中产生的。因此，从上帝的无限的和无所制约的力量这个观点出发，宇宙可能更大一些；但从可能性和质料的观点出发，由于这种可能性没有现实的无限伸延的能力，它就不能更大一些。那么，由于没有什么比宇宙更大而成为其界限的东西能现实地存在，所以我们可以把宇宙叫做没有限制的，因而也是消极性地无限的。它的现实存在被它的本性限定为这样：它的存在是其本性条件所许可的最佳可能。它是一个被造之物，也就必然从绝对的存在物即上帝那里得到其存在。这一点，我们将继续扼要地但尽可能清楚地与我们的无知的科学一同加以说明。

第二章　被造之物的存在以一种神秘方式来自极大的存在

从前，关于神圣的无知的学习中，我们已经学到，只有上帝是自生的(a se)，在他那里，"自生"、"自在"(in se)、"自为"(per se)和"自赖"(ad se)是一回事，换句话说，他是绝对；我们也学到，每一个本质,不论它有怎样的存在,一概都来自上帝。要不然,一个并非“自生”的存在物,如果不是从永恒的存在物取得它的存在,它怎么能够存在呢?由于在上帝心中没有猜忌之心的地位,他不能造出一个真正具有贬损形式的存在物,所以必朽性、可分性、不完全性、差异性、杂多性以及诸如此类的东西,在来自上帝的被造之物里可以找到,但不能归之于作为极大的上帝,因他是永恒的、不可分割的、最完善的、单纯的、独一的;那些东西也没有任何积极性的原因。我们已经说明无限的线就是无限的直,作为无限的直,它也就是一切线性存在物的原因;另一方面,曲线作为线来说,也来自无限,而作为弯曲来说则不是;事实上,弯曲是有限的一个结果;一个曲线之所以是曲线,乃是因为它不是无限的;换句话说,如果它是无限的,它就会不再是一条曲线了。就那些事物来说也是如此,那些事物具有一种贬损形式的存在,它们是杂多的和有差异的,并具有一些类似的其他不完善性的特征,这些都不是任何原因的结果,这些是由它们不可能不是有限的本性的结果。因此,可以归之于上帝的只是这样的事实,即被造之物也具有统一性、个别存在性,并与宇宙相和谐;并且,事物的统一性愈大则它与上帝相似的程度也就愈大;但是事物的统一性是处于复多性之中,它的个别存在是处于混杂之中,它的和谐是在不协调之中,则是其偶性的一个结果——这并不能归之于上帝或任何积极性的原因。

那么,对于一个被造之物的存在,是否有什么人可能通过同时既考虑到产生它的那个绝对必然性,又考虑到对它是必不可少的存在条件的那个偶性,而去理解它呢?一个被造物不是上帝,它也不是无;它可说是后在于上帝而先在于无,或说它处于上帝与无之间,按照一个哲人的说法:上帝是无的对立面,而以存在为中介。可是它也不可能是存在与非存在的一个混合;因此,似乎它由于从存在中产生,而并不是存在,它又由于先在于无而也不是非存在,同样更不是二者的一个混合;并且,不论是分别地或结合地来考虑它们,我们的悟性既不能调和矛盾,就不理解一个被造之物的存在,虽然它知道每一被造之物都有其来自极大的存在。作为来自另一位(ab alio)的存在,它是不可理解的,因为作为它的来源的那一个存在物是不可理解的——正如当其内在性主体尚未被了解时,一个偶性的存在物是不能理解的。因此,一个被造之物就其是被造之物来说不能被称为一(one),因为它是从"一"(unity)而来的;它也不能被说成是比一更多,因为它是从"一"得到其存在的;它更不能同时是一又多于一。由于其本性,它的"一"寓于一种复多之中。我们在这里所谈到的,似乎也应当同样应用于单纯性和复合性的矛盾以及其他各组矛盾。

因为被造之物是由极大的存在物所创造的,因为在极大中,存在、行动和创造三者间并没有区别,所以,说上帝创造事物和上帝就是一切事物,好像就是同一回事。那么,如果说创造就意味着上帝是一切事物,而上帝的存在既然是永恒的,或者毋宁说,就永恒本身,被造之物如何还能被设想为不同于永恒的东西呢?就被造之物本身即是上帝的存在而言,没有人怀疑它的永恒性;因此,就其又是暂时性的东西来说,它就不是从上帝来的,因为上帝是永恒的。那么怎么来调和一个被造之物的存在同时既暂时又永恒呢?被造之物的存在必定是有可能出自上帝(the Being)的永恒性;可是,它仍然并不可能先于时间而存在,因为在有时间之前无所谓

“在前”；因此，当它可能存在时，它已经一直存在着了。

那么，不论是谁怎么可能理解，怎么上帝不涉及创造就能成为存在的形式呢？一个复合体只能由一些互有比例关系的存在物所形成；因此，无限的线与有限的弯曲不能形成一个复合的整体，因为在无限的东西与有限的东西之间不可能有比例，这是对大家都显而易见的。那么，悟性如何能够了解曲线是从无限的直线获得其存在的，虽然无限的直线并非那给予曲线以形式的形式，却是它的原因和存在理由呢？曲线不可能靠取得无限直线的一部分本质而分享到这个本质，因为那是一个无限的不可分的本质；曲线也不能像质料分享形式那样地分享无限直线的本质，例如，不能像苏格拉底和柏拉图分享人的形式那样；也不能像部分分享整体那样，例如，宇宙为它的部分所分享；曲线分享无限直线的本质，也不像许多面镜子可以说是从不同的方面分享同一个脸形那样；因为镜子在它照出这个脸的形象之前就是一面镜子，而一个被造之物如不“来自存在”(ab esse)，它就什么也不是：“来自存在”正是它的正确的定义。

一个被造之物不是作为一个积极地不同的实在而得到无限形式的形象；被造之物仅是形象，此外再没有更多的东西，而且我们是在不同的被造之物中看到那个形式的偶然不同形象的。既然这样，我们怎么可能理解各种不同的被造之物各以不同的方式分享那同一个无限形式呢？这就恰如一件艺术品只具有依赖的存在，并且是对于艺术家之观念的全盘依赖的存在，它得从艺术家那里得到它的存在，并要靠艺术家的力量而得以保全于存在之中；或者说，这也和镜子中照出的脸的形象相似，如果我们假定在照出脸的形象之前或者之后，镜子自身和属于其自身的东西是全部没有的。

我们也不能理解上帝怎么可能通过可见的创造而向我们显示他自己。他不像我们的悟性，仅为他和我们所认知；我们的悟性在进行思考之前，是没有形式的，只是当思考时才开始从记忆中的形象取得颜色、声音或其他的形式；然后，在取得符号、词句或者文字等另一种形式以后，它又把自己显示给其他人。上帝却不是以这种方式显示他自己。不管上帝创造世界的目的如虔诚的人们所相信的是为了显示他的善，还是他作为无限的必然性创造世界，乃是为了实现他的意志，并要被造之物必须服从他，敬畏他，并受他审判，事情很清楚，不论他的目的是什么，他没有采取过另一种形式，因为他是一切形式的形式；同样清楚的是，上帝也不以积极的迹象来显示他自己，因为这类迹象，如果它们存在，自然地又要要求另外有一些迹象以便在其中存在，如此类推以至于无穷。

谁能理解，一切事物由于其有限性而相互不同，却又同是那独一无二的无限形式之形象？上帝可以说是偶然地在一个被造之物中呈现，正如一种实质可以说是偶尔在一次偶然事件中向我们呈现，以及一个男人偶然地在一个女人身上再现出来。无限的形式只以有限的形态呈现。每一个被造之物可说都是："上帝兼被造者"或"有限兼无限者"，结果是没有一个被造之物的存在可以比它现在的样子更好。这就好像是造物主这样说过，"让它产生出来吧"，而且，因为上帝就是永恒本身，它不能被变成存在物，所以能够最酷似上帝的东西都是被造出来的。从这一点可以得出，每一个被造出来的被造之物都是完善的，虽然与其他的被造之物相比之下，可能像是不那么完善。上帝在它的无限善德中，按照每一个事物可以接受的方式把存在赐予一切事物。在他那里是没有忌刻之心的;他毫无区别地分配存在;因为一切事物各按其偶然本性的要求而接受存在,每一个被造之物就全都心满意足地安处于各自的完善性之中,这正是上帝尽量赠予它的。没有一个被造之物想得到任何其他被造之物的更大完善性;每一被造之物都最偏爱上帝给予它的那份完善性,并竭力去发展它,并保护它不受损害。

第三章 极大以一种神秘方式包容一切事物并发展一切事物

本书的第一部分包括关于真理在受到考察之下可谈到和想到的一切。一切与我们在那里关于第一真理所说的相符合者都是必然真实的;一切与它相冲突者都是错误的。那里已经表明,超出一切其他的东西,必定有一个唯一的极大,它同时也是一切事物,而且,在它之中,甚至极小与极大是同一的。正如"一"统一一切,极大作为无限的"一",必定也包容一切;并且,它不单纯作为"一"而是极大,即包含着每一个数目,而更因为它囊括一切事物而是极大。正如数目,它是"一"的一个发展,在其中只能找到"一",同样在一切存在的事物中只能找到极大。

量是"一"的一个发展,在这里"一"被称为一个点,因为在量中除点以外什么也找不到;恰如在一条线中,无论你如何分割它,除了一个"点"以外什么也找不到,同样在平面与立体中除点以外也没有任何东西。只有独一的点,此外没有其他东西;而这独一的点就是无限的"一"本身,因为无限的"一",由于它把线与量都包含于它自身之内，就是作为它们的目标、完善性和完全性的点；它的第一个发展就是线，在线中除点以外什么也找不到。

按照同样的道理，静止也是"一"，在其中包括了一切运动，因为在精细的考察下看到，运动就是以有次序的系列被导引出来的静止。因此，运动就是静止的第一个发展。一切的时间也以相似的方式包括在现在和"此刻"中。过去曾经是现在，将来即将是现在，所以时间仅是现在的一个条理化的安排。因此，过去和将来是现在的发展；现在包括一切现在的时间，而各个现在的时间是它的有规律有秩序的发展；在它们之中只能找到现在。因此，一切时间都包括在内的现在是独一的：它就是"一"本身。同样，杂多包含在同一之中，不等包含在相等之中，分割或区别包含在单纯之中。没有一个包罗一切实质的极大，也没有另一个包罗一切质或量的极大，其他一切都如此；只有一个唯一的包罗所有一切事物的极大——即也是极小的那个极大，而且在其中，把差异包含在同一之中并不是一个矛盾。正如"一"先于区别，同样，作为完善性的点也先于大小，因为完善的先于一切不完善的：静止先于运动，同一先于差异，相等先于不相等，对诸如此类可与"一"互换的一切都适用。"一"可与永恒互换，因为不能有一个以上的永恒。因此，一切东西都可在上帝里面找到，在这个意义上说，上帝囊括一切，上帝也可在一切事物之中找到，在这个意义上，他又是一切事物的发展。

为了把这一问题讲清楚，让我们举一个例子。数目作为"一"的发展，预先假定了理性的一项活动。理性是灵魂的一种功能，因为牲畜没有灵魂，所以它们不会数数目。因此，数目要用我们的心智来解释，我们的心智分辨着那些分享同一共同本性的各个个体；与此类似，事物的复多性要由上帝的心智来解释，在上帝的心智中，由于它的无所不包的“一”，存在着事物的众多而并不具有复多性。各个事物不能以恰正相同的方式分享存在的等量。复多性在上帝那里也就是“一”，它是由于这样的事实而产生的，即由于上帝在他的永恒性中已经认识，一个事物以一种方式存在，另一事物以另一方式存在。复多性或数目的仅有的存在乃是由“一”给予的。没有“一”，数目就会是不可能的，因为复多性只能作为“一”的发展来解释；因此，“一”存在于复多性之中。一切如何是在一之中，一又如何是在一切之中，这是超越于我们的理解力之外的。既然知道，如我们的确知道的那样，上帝的理解就是他的存在，并且知道他的存在就是无限的“一”，我们中任何一个如何能够理解上帝的心智是事物之复多性的来源呢？

现在用关于数的例子继续讲下去——如果我们把数目设想成是心智用一切事物的共同单位去对一群事物所作的度量，这就会好像，作为这个单位的上帝在众事物之中被众多化了，因为他的理解就是他的存在；然而我们又知道，这个单位就是无限极大的“一”，以任何方式把它众多化是完全不可能的。那么，复多性如何能在单位并未众多化的情况下加以设想，而复多性的存在又是从这个单位获得的呢？或者说，如果没有众多化，我们又如何理解“一”中的众多性呢？也许可以说，在一个物种里有许多个体所构成的复多性，在一个类里有各个物种的复多性；但是，这里有这样一种区别，物种或类一离开个体，在进行抽象活动的悟性范围以外就并不存在了。

上帝的存在，也就是"一"，不是由心智从事物中抽象出来的，它也不是与事物结合在一起，或沉浸在事物之中的；因此，事物的复多性怎么就是上帝的"一"的发展，是超出任何人之理解的。如果我们撇开上帝而思考事物，事物就同数目撇开了"一"一样，即什么也不是；如果我们撇开事物而思考上帝，上帝仍存在着而事物却不存在；如果我们就上帝在事物之中这一点来思考上帝，我们就是把事物看成是某种另外的东西而上帝存在于其中——这是我们在上一章中已指出了的错误，我们在那里已看到，一个事物的存在是从那个特定存在物即从上帝而得来的，因此，它不能是意味着完全不同的存在的"旁的"存在；如果我们认为一个事物是在上帝之中的，那么，它就是上帝，也就是"一"。

尚待我们确认的一切不过是事物的复多性是由于这一事实而来的，即上帝存在于无之中。从被造之物中除去上帝，你就只剩下了无；从复合的存在物中除去实质，那么，偶性也同样消失，而剩下了无。人的心智可能理解这个吗？当实质被去掉时偶性就终止存在，而偶性在这种情况下之终止存在正是由于这样的事实，即偶性内在于实质正是偶性之本性，它的存在正是实质的存在。可是仍旧不能说偶性什么也不是，因为当偶性内在于实质时，它是给予实质一些东西的；例如，一个实质之成其为有量的东西，就是由量所致。可是在这里，这一点并不适用，因为被造之物并不是以这种方式内在于上帝之中。偶性给予实质某种东西，被造之物对上帝却什么也不提供；事实上，一种偶性对一个实质给予如此之多，以至于虽然偶性是从实质取得其存在的，实质却不能没有偶性而存在；但是，这一点不能适用于上帝。

被造之物是从上帝而来的，由于这一点它仍不能给上帝，即极大，添加任何东西。我们将怎么能去形成一个关于纯被造之物的观念呢？如果纯被造之物真正是无，甚至还没有偶性那么多的实体性，那么，由于"无"不可能用来表述任何实体，我们又怎么接受这一事实，即上帝存在于无之中，作为事物复多性发展的解释呢？如果你说："全部神学都是循环论证；上帝的意志是那全能的原因，而上帝就是他的意志和他的全能"，你必然就得在这里承认，你全然不知道那是怎么一回事，即上帝在他的"一"之中包含一切，而他的"一"又被发展为复多；你干脆就是在承认，你意识到你在方法上的无知，即使你也许知道上帝的"一"包含一切这个事实；上帝里面的一切就是上帝，一切事物来自上帝的"一"，在一切事物之中，上帝就是这些事物之所是的那样，正如真实寓于一个映象之中。这就好像是一张脸在它自己的映象中再现出来。我们从映象众多化中得到这张脸型较远或较近。（我的意思不是指空间的远近，而是对于真实的脸相似的不同等次，因为形象的众多化是不可能没有这种不同等次的。）在一张脸的许多不同映象中，那张脸可以以许多不同的方式呈现，但是它仍可能是感性所不能认知和心智所不能理解的一个现象。

第四章　宇宙，它只不过是极大的一个限定形式，如何又是绝对的一个相似品

如果我们已作好准备继续讨论下去，并灵巧地使用有学识的无知在前几章中已经教给我们的东西，特别是如果我们简单地回

忆一下一切事物就是绝对的极大或从绝对的极大取得其存在的，我们就能够发现许多关于世界或宇宙的知识。依我看来，宇宙只不过是极大的一个限定了的形式。它是限定了的或具体的，因为它从绝对中抓住它的全部存在；因为它也是一个极大，它以尽可能最大的方式再现着绝对极大。因此，我们可以肯定，在第一卷中，对那作为从属于上帝、不受任何限定的绝对极大，我们所学到的道理，也可以在一种相对方式下应用于被限定了的极大。

让我们举几个例子来为研究者在探讨中提供帮助。上帝是绝对的极大和绝对的"一"，而且，作为这些，他一开始就把一切不同的和远隔的事物都统一起来，例如，各种矛盾，在它们之间没有中道，在上帝那里则同一起来了。在一种绝对方式中，上帝就是一切事物之所是；他是一切之中的绝对开端，是一切事物的终结和一切事物的实体。正如无限的线是一切形体一样，绝对极大在其无限的单纯性和统一性中就是一切事物而没有复多性。世界或宇宙也是一种极大，虽然是一种有限的极大；在其统一性中，它预期着像是相反之物的有限对立面；在其有限存在之中，它就是一切事物之所是；并且，在一种有限的意义上，它是诸事物的开端、终结和存在。它是被缩影为相对无限的无限；并且，恰如相对的极大的线相对地是一切形体那样，有限的极大——宇宙——在其相对的单纯性或统一性之中也是一切事物而没有复多性。

一旦我们有了一个关于这个缩影化的正确观念，一切问题就都变得很清楚了。事实上，宇宙中的相对无限性或单纯性或统一性来自绝对，虽然它是无限地低于绝对，结果是世界的无限性、永恒性和统一性不能与绝对的无限性、永恒性和统一性相比。由于这一点，绝对的统一不容许有复多性，而宇宙的统一性则有复多性；因为，虽然宇宙是独一的，甚至从统一性的观点来说还是一个极大，它却是一个相对的"一"，而且只是一个相对的极大。因此，虽然它是极大的"一"，它的统一性却是被复多性所限制的，正如它的无限性被有限性所限制，它的单纯性被复合性所限制，它的永恒性被连续性所限制等等一样。这就好像是绝对的必然性会向另一个东西传导它自己，而又并不同另一个融合在一起，并且还在那另一个之中找到一个限制它的终端；或者好像是绝对的白会存在于其自身之中，而不依赖于悟性的抽象活动；任何相对白的客体都要从绝对的白中取得它的白，并且，一个客体只有在它受取了白的情况下，才会成为白的；换句话说，在任何客体中，绝对的白都会发现它自身为非白所限制。

研究者可以从这些思考中推论出许多东西。举例来说，恰如上帝由于其广大无边，他既不在太阳中也不在月亮中，然而他还是以一种绝对的方式作为它们之所是的东西而在它们之中。同样，宇宙既不在太阳中，也不在月亮中，然而它还是以一种限定了的方式作为它们之所是的东西而在它们之中。在太阳和月亮的绝对本质之间是无法加以区别的，因为只有上帝本身才是一切事物的绝对实体和本质。但是太阳的限定了的本质是不同于月亮的限定了的本质的，因为一个事物的限定了的本质就是事物本身，绝对本质则是上帝而非事物本身。由于这个理由，显然在宇宙中同一性是寓于差异性之中的，就如统一性寓于复多性之中那样，因为宇宙是一个限定了的本质，它在太阳中以一种方式受到限定，在月亮中又以另一方式受到限定。那么，宇宙既不是太阳又不是月亮，但在太阳之中它就是太阳，在月亮之中它就是月亮；另一方面，上帝并不是在太阳之中就是太阳，在月亮之中就是月亮，但上帝是太阳和月亮之所是而不具有复多性和多样性。宇宙的意思就是普遍性，即不同事物的统一体[①]。因此，宇宙对一切事物的关系就和人类对人的关系一样：人类既不是苏格拉底，也不是柏拉图，但是在苏格拉底之中它就是苏格拉底，在柏拉图之中它就是柏拉图。

既已确立了宇宙只是有限定的意义的一个本原和极大，现在我们就可以看到整个宇宙的存在是由于从绝对极大向限定的极大的一个单纯流溢而造成的。阿维森纳[②]和一些别的哲学家的意见认为：悟性是首先被造出的，其次是精神性的灵魂，然后才是自然界，这是不能接受的。形成宇宙各个部分的一切存在物必须与宇宙一同产生，因为没有它们，宇宙就不可能按其有限的性质而成为统一的、完整的和完善的。在艺术家的心智里，整体是在部分之前就被设想出来的，例如，房子是在墙壁之前就被设想到，在一切事物从中获得存在的上帝的心智里也是这样。这样，首先被造出来的是宇宙，以及作为一种必然结果的，为宇宙之存在及其完善性所必须有的一切。我们先是在限定了的极大中去思考那绝对的极大，目的在于随后再到一切个体之中去寻找它，这就像到具体东西中去寻找抽象一样；因为绝对极大以绝对方式存在于宇宙之中。事实上，上帝是世界或宇宙的绝对本质，形成宇宙的则是限定了的

① 这是按语源作出的解释："宇宙"，拉丁文作 universus，是由"一"unus 和"转向"versus 合成，含有把不同的东西转而合为一体之意；"普遍性"拉丁文作 universalitas，系由 universus 所派生。——译者

② 阿维森纳，十世纪阿拉伯医生和哲学家。——译者

本质。缩影化的意思就是被限定为某一特定的事物。因此，宇宙以一种限定了的式样存在于形成宇宙的一切特定存在物之中，而上帝，他是独一的，则作为一个统一体而存在于宇宙之中。

这样我们就将能够理解，上帝，即无限单纯性中的"一"，怎样存在于作为一个统一体的宇宙之中，并且还作为一种必然结果，通过宇宙的中介而存在于一切事物之中；也能够理解，事物的复多性怎样通过作为一个统一体的宇宙而存在于上帝之中。

第五章　每一事物在每一事物之中

对于阿拉克萨哥拉[①]所说的"每一事物就是每一事物"，我们从前面所已说到的那种深刻研究中就可以足够容易地理解他在这句话中所表达的深刻真理，也许甚至比他本人理解得更充分些。因为从第一卷中我们就已了解到，上帝是以这样的方式，即一切事物都在上帝之中，而存在于一切事物之中；在前一章中，我们已看到，上帝之在一切事物中，仿佛是以宇宙为中介的；所以可以推论出，一切事物都在一切事物之中，并且每一事物也都在每一事物之中。按照自然的秩序似乎，最完善的东西——宇宙——就是先于一切事物得到存在的，所以，任何事物都可能在任何事物之中。事实上，在每一被造之物中，宇宙就是被造之物；因此，每一被造之物都受取一切被造之物，所以，在任何被造之物中都可以相对地找得到一切被造之物。由于一切被造之物都是有限的，所以没有一个

① 公元前五世纪(前 500—428)的希腊哲学家。

被造之物可以现实地是一切事物；但为了形成各个被造之物，一切事物都被缩影化了。那么，如果一切事物都在一切之中，那就很清楚，一切先在于个体；而且，这里的一切并不意味着复多，因为在有个体之前尚没有复多。由于这个道理，没有复多性的一切在自然次序中先于个体，因而在任何现实个体之中所具有的都不多于一：没有复多的一切就是那个一。

宇宙只有通过缩影的方式才能在诸事物之中；事实上，它被每一个现实地存在着的事物所限定，而现实地成为每一事物之所是。每个现实地存在着的事物都在上帝里面，因为上帝是一切事物的行动。行动意味着完善以及可能的事物的实现。由于限定了的宇宙在每一现实地存在着的个体之中，那么显然，上帝既在宇宙之中，也就在每一个体之中，并且每一现实存在着的个体，都同宇宙一样，也直接地在上帝之中。说"每一事物在每一事物之中"也就等于说上帝以宇宙为中介而在一切事物之中，以及宇宙以一切事物为中介而在上帝之中。上帝如何由于每一事物是每一事物而毫不多样化地在一切事物之中，一切事物由于一切都在一切之中如何也就都在上帝之中，这是一个非常高深的真理，它为敏锐的心智所清楚理解。宇宙在各个个体之中，即各个个体也都在宇宙之中，从而宇宙在各个个体之中都作为缩影而成为特定个体之所是；同时，在宇宙之中的每一个体也就都是宇宙，虽然，宇宙是以各不相同的方式而在各个个体之中，各个个体也都各以不同的方式而在宇宙之中。

这里有一个例子：无限的线清楚地是一条线、一个三角形、一个圆和一个球；但是，一条有限的线是从无限的线中受取其存在的，而无限的线是有限的线之所是的一切。因此，一切与无限的线相等同的——线、三角形和其他——也都与有限的线相等同。在有限线段中的每一形体都是线本身；但那并不意味着三角形、圆或球都现实地在于其中。说每一事物在每一事物之中，并不包含现实地在内的意思，因为事物的现实统一性会被那样的复多性所破坏；只不过线中的三角形是线，线中的圆是线，其他类推。应记住，一条线仅能现实地存在于一个物体之中——这一点还将在另外地方加以证明——这会帮助你对此看得更清楚。没有一个人怀疑，在一个具有长、宽、高的物体中，一切形体都实际包括在内。所以在一条现实的线段中，一切形体现实地是线本身，在一个三角形中，一切形体就是三角形等等。在一块石头中一切就是石头，在有生机的灵魂中一切就是灵魂，在生命中一切就是生命，在一种感觉中一切就是那种感觉，在视觉中一切就是视觉，在听觉中一切就是听觉，在想象中一切就是想象，在理性中一切就是理性，在理解中一切就是理解，在上帝中一切就是上帝。从那里你就可以看到诸事物的统一性或宇宙，是怎样存在于复多性之中的，反过来也可以看到，复多性是怎样存在于统一性之中的。

在更深入的研究中，你也会看到，每一个现实存在着的个体如何是稳定的，因为在个体中的一切就是个体，而在上帝中的个体就是上帝；于是在那里显示出诸事物的奇妙的统一性，令人赞叹的相等性和最显著的联系，通过这些，一切都在一切之中。我们在这里看到了诸事物的联系和多样性的同一来源。一个个体不可能现实地是一切事物，因为那就会是上帝了，一切事物也因此都会以它们能作为各种个别性质而存在的方式在一个个体中现实化。同样也不可能有任何两个事物绝对相等，如我们在前面看到一切事物都按照存在的不同程度而被造出来——如像那不能一下子具有完善的不朽性而是在时间的演替中被创造成为没有必朽性而存在的存在物那样——那时所已经证明了的。因此，一切事物就是它们之所是，因为它们不可能是别样，也不能更好一点。

因此，一切事物都没有任何冲突地在各自自身之中，因为一个存在程度不可能没有别的存在程度而存在；例如，在身体中，一个肢体帮助另一个肢体，而一切肢体都和谐地联合于身体之中。由于眼睛不能在行动中又是手、又是脚以及一切其他肢体，眼睛满足于是眼睛，正如脚满足于是脚一样；而且所有肢体都互相帮助，这样，每一肢体都以其最佳可能的方式是它之所是。手并不在眼睛之中，脚也不是如此，但在眼睛中它们就是眼睛，就如眼睛本身直接在人之中一样；同样，一切肢体也都在脚之中，就如脚直接在人之中一样。结果是，任何肢体通过任何其他肢体都直接在人之中，正如整体在它的部分之中——通过在任何一个部分之中，也就在每一个其他部分之中——同样，人作为一个整体，通过在任何一个肢体之中，因而也就在每一个肢体之中。

如果你把人类想成一个绝对的、不变的、不受限制的存在物，并把人想成是一个有绝对的人性以绝对方式存在于其中的存在物，虽然，绝对人性被他缩影化而成为人所是的那个样子，那么，你就可以将绝对人性同上帝相比，并将那个缩影同宇宙相比。绝对的人性首先是在人中找到，然后也在每一肢体和部分中找到；人类的缩影在眼睛中就是眼睛，在心中就是心，其他类推，这样，通过缩影，每一事物就都在每一事物之中。我们的假设除了给我们提供了对上帝与世界所作的比较外，它还是一个例证，可用以说明我们在前两章中所已讨论过的一切，以及随后还将进行讨论的许多问题。

第六章 宇宙——它的统一性和发展的各种程度

在前几章中，虽然越出了我们的理解力，我们已经看到，宇宙或世界是统一的，而它的统一性又为复多性所限定，并且，作为结果，它的统一性就在于复多性之中。宇宙的“一”来自绝对的“一”，所以绝对的“一”是第一个“一”，而宇宙的“一”——寓于复多性中的“一”——是第二个的“一”。在《猜想篇》一书中，我们将看到第二个“一”是十重的，因为它包含十个范畴；并由于那个原因，宇宙的“一”，它即是第二性的“一”，将是那第一性绝对而单纯的“一”之一个十重的限定性发展。十是一个包罗一切事物的数目，因为在它之上再没有数目了；因此，一切有限事物的多重化都被包括在宇宙的十重“一”之中。由于宇宙的“一”是作为一切事物之有限本原而在一切事物之中，它便是一切事的根，就像十是一百的平方根、一千的立方根一样。从这个根可说直接产生平方作为一个第三个“一”，然后又产生出立方作为一个第四个“一”即最后一个“一”。第三个“一”——百年或世纪——是宇宙之“一”的第一个发展；第四个“一”——千禧年[①]，是它的最后一个发展。

① 欧洲自中世纪起，称一百年为一个世纪，并按照《圣经》故事推定传说人物耶稣生于一世纪初。又根据《圣经·启示录》的记载，称于“世界末日”到来之前，耶稣将两次降临世界，并治理世界一千年，即所谓“千禧年”，意为“一千年的太平盛世”。——译者

这样,我们将要看到共有三个普遍的(宇宙性的)“一”,它们以不同程度下降到个别,在个别中被缩影化而形成现实的个体。第一个绝对的“一”以一种绝对方式包罗着一切;第一个缩影的“一”以一种有限方式包罗着一切,自然秩序要求,绝对的“一”应被看作是包含着第一个缩影的“一”,并通过缩影的“一”而包括一切其他;即第一个缩影的“一”被看作包罗着第二缩影的“一”,并通过第二缩影的“一”而包罗第三缩影的“一”;而且第二缩影的“一”被看成是包括了第三缩影的“一”,这就通过第三缩影的“一”达到了个体。如果我们从第一个绝对的“一”算起,第三缩影的“一”实际上是第四个“一”,并是最后一个普遍的(宇宙性的)“一”。从这里就可以清楚地看到,宇宙是怎样通过这些层次而下降到任何个体中去的。

因此,宇宙可以与十个最一般的,包纳一切的范畴、类和种相比较。这些范畴各按它们的等级而形成诸共相;并且,按照大自然的秩序,它们应该在它们现实地缩影成为一个个体之前就存在于这些等级之中。由于宇宙是缩影化了的,所以其唯一的可能发展就是发展到类,而类的一个发展就是发展到种。然而,个体都是现实的,而宇宙则以缩影存在于个体之中。

这就弄清楚了,共相除缩影以外没有现实的存在。逍遥学派说得对,在事物之外共相没有现实的存在。只有单个的事物有现实的存在,而在单个的事物中采取缩影形式的共相就是那单个的事物。不过,在自然秩序中,共相还是具有某种普遍性存在的,它可以为个别事物所限定;但在这种缩影化之前,这些共相除在自然秩序之中所具有的存在以外,就没有其他存在了:它们还没有进入行动,它们没有本身的自存,但通过缩影它们的普遍性存在却自存于一个现实存在着的个体之中。可以作个比较：点、线、面在进展次序中先于立体，但是点、线、面只有在立体中才有现实的存在。和宇宙一样，一切共相只有在缩影化了的时候才是现实的。可是，虽然这些共相离开了个体便没有现实的存在，它们仍旧并不是单纯的理性存在物。它们同点和面一样，尽管事实上点和面在立体之外没有现实的存在，但并不单纯是理性的存在物：点和面存在于立体之中就和共相存在个体之中一样。绝对的存在既然不能归结成它们，悟性就通过抽象而给予共相一个处于事物之外的存在；正是这个抽象是一个理性的存在物。上帝是那整个儿地绝对的共相。在《猜想篇》中，我们将看到共相如何通过抽象而存在于悟性之中，虽然从我们已经讲过了的来说这可能已足够清楚的了。在悟性之中，共相就是悟性，并相应地被它缩影化。悟性的行动，它是最为清楚而敏锐的，从自身中和其他事物中领悟共相的缩影。狗和与狗同属一个种的其他牲畜被放在同一个范畴中，是因为它们所共有的特殊性质；即使柏拉图的悟性没有通过把它们的相似之处进行比较而为它们创造出一个种来，那个本性也要被缩影化到那些个体中去。就悟性的活动说，理解力预先就假定着存在与生命，因为悟性不能靠它的行动而施给存在，生命或理解力；但是对于已经了解的事物来说，悟性本身的理解力就预先假定着在属性上类似的存在、生命和理解力。因此，它通过比较而形成的共相是与被缩影化到个体中去的共相相似的；并且，这些共相先于悟性对它们的发展，就在悟性本身中有了它们的缩影存在——悟性对它们的发展是通过共相的个体化标记，经由悟性的活动而进行的，这种活动就是理解力的行动。只有那已经在悟性之中的东西和通过缩影化而是悟性的东西才能被理解。因此，通过理解力的行动，悟性用相似的特征与性能发展了一个由各种类似性质所构成的世界，这个世界以缩影存在于悟性之中。

关于宇宙的统一性和它在个体中的缩影化存在，现在已经作了充分讨论。让我对宇宙的三位一体作一些补充说明。

第七章　宇宙的三位一体

我们在第一卷中，对于确立绝对的"一"必然是三重的，不是通过缩影化，而是绝对地是三重的，已经说得很充分；事实上那唯一的绝对的"一"就是三位一体，这被有限的心智在某种相互联系之中加以领会。缩影化了的绝对的"一"，甚至在其统一性中也是三重的；不过，那是以缩影化的方式而成为三重的，因而，其统一性之在于三一性中，就如全体以缩影化的方式而在部分之中那样。另一方面，三位一体绝对地是"一"，因为在上帝里面没有任何缩影化的"一"处于三位一体之中；它不像全体在其部分之中那样，或共相在个体之中那样；而是"一"本身就是三位一体。因此，三个位格中的任何一个都是"一"本身；并且因为"一"是三位一体的，一个位格并不就是另一个。当然，在宇宙中不能有像它那样的事物。于是就可以推论出，这三个相互关联着的东西，即被称为上帝中的三个位格，现实地而且必然地，并存于"一"之中。

这几点需要我们深加注意。在上帝之中，"一"，也就是三一，其完善性是如此之大，以至圣父现实地是上帝，圣子现实地是上帝，圣灵也现实地是上帝；圣子和圣灵现实地在圣父之中，圣子和圣父现实地在圣灵之中,圣父和圣灵也现实地在圣子之中。这类事情绝不能在宇宙中存在,在宇宙中相互关联的东西只能一同地各自自存着;因此,没有一个个体能够是宇宙;也没有哪一个个体现实地存在于别的个体之中,但是一切事物——在其有限性质所许可的范围内——如此完善地相互转化,以至由它们形成了宇宙;没有那种三位一体,宇宙的"一"就将是不可能的。因为没有一个可限制的客体、一个施行限制的本原和一种联系,缩影化就是不可能的。联系则由其他两者的共同行动所建立。

可被缩影化这一性质蕴蓄着某种可能性,它是从上帝的诸位格中的创造性"一"那里下降来的,正如殊异性从统一性中而来一样。如果从它的开端来思考,它意味着变化和形成差异的能力。事实上,可能性显然先于每一事物,因为任何事物,如果它尚未成为可能的,怎么能存在呢?因此,可能性是从永恒的"一"那里降下来的。

施行限制的本原从"一"的相等者那里降下来,因为它给可限制的客体的可能性设定了一个界限。"一"的相等者与存在的相等者实际上是同一个东西,因为存在与"一"是可以互换的。施行限制的本原借着缩影化以一种形式或另一种形式把可能性带给存在,而且,因为这个理由,执有下述主张是正确的,即认为施行限制的本原是从存在的相等者那里降下来的,即从"上帝的道"那里降下来的。这个"道"通过施行限制的本原,不可避免地把决定性带给可能性,因为"道"是事物的动因、原型和本质,这就是为什么质料被某些人称作可能性,而施行限制的本原被称作世界的形式或灵魂;另一些人,如柏拉图主义者们把后者称为普遍的必然性,因为它从绝对必然性那里降下来而变成一种缩影化的必然性和缩影化的形式，在其中真实地有着一切形式。但我们将在后面再谈这一点。

最后，在施行限制的本原与可被限制的客体之间、在质料与形式之间、在宇宙的可能性与必然性之间存在着联系，它由爱的精神通过某种运动把它们统一起来而现实地形成。有些人习惯地把这种联系说成是决定了的可能性，因为起决定作用的形式和可被决定的质料之统一把可能的存在转化为在行动中存在着的个体。很清楚，这种联系是从圣灵那里降下来的，圣灵正是那无限的联系。

因此，宇宙的“一”是三重的；它出自可能性、宇宙的必然性和联系，或者换句话说，从潜在、行动和关联而来。从这里我们得到存在的四种普遍样态。第一，叫做绝对必然性的存在样态，即上帝，他是诸形式的形式，诸存在物的存在物，诸事物的缘由或本质；在这个样态中，上帝中的一切事物就是绝对必然性本身。第二，事物在宇宙必然性中所具有的存在样态，在这种样态里，本身是真实的诸事物的形式，和它们在意念中所获得的自然差别和秩序一起存在。究竟是否这样，以后我们就会明白。第三，事物作为个体所享有的存在样态，它是现实地决定了的可能性。第四，最低级的存在样态即可能存在的样态，它就是绝对的可能性。

这些存在样态中的后三种存在于统一的宇宙之中，这个宇宙就是缩影化的极大；从这三种存在样态中又生出统一的普遍性存在样态，因为没有那三种存在样态，任何事物的存在都是不可能的。我说“存在的诸样态”，那是因为普遍性存在样态不是一个可说由三个部分复合起来的东西，像一座房子由基础、墙壁和屋顶复合起来那样;它毋宁说是由诸存在样态所组成;像玫瑰那样,它冬天在玫瑰树中是潜在的,夏天又成为现实的,即从可能性的存在样态过渡到了现实决定性的样态。从这里就清楚看到,这里有(一)作为可能性的存在样态,(二)作为必然性的样态,(三)作为现实决定性的样态。因为没有这些样态,存在就是不可能的,而且因为它们不可能现实地各自分别存在着,所以,那统一的普遍性存在样态乃是从它们三者产生出来的。

第八章 宇宙的可能性或质料

让我们稍微详细地考察一下我们刚才已讲到过的三种存在样态,那么我们就可以在这里说明,至少从实质上说明,是什么使我们的无知成为有学识的。我们要从研究可能性开始。古代哲学家们已经对这个题目讲了许多,并且一致地接受这个公理“从无中什么也生不出来”(ex nihilo nihil fit)。因此,他们承认一切事物的存在可能性是绝对的、永恒的,并把一切事物作为可能的东西而包括于其中。对于这个可能性或质料的观念,他们是从相反方面,即从绝对必然性方面来推论,而逐渐形成的,就像从物体作出的“物体形式”(forma corporeitatis)这个抽象,才得出了一个关于物体的观念。如果质料没有形式,它怎么能成为可理解的呢?因此,他们只是通过无知才达到这个关于质料的观念。他们说,质料按其本性就是先在于一切事物的,所以,说“绝对可能性”存在如果不同样是真实的,那么说“上帝存在”就绝不是真实的。但是,因为质料是从上帝来的,所以,他们并不断定,质料是与上帝一同永恒的。

对于他们来说，质料只在可能性中是一切事物，至于在行动中，它就不能是一切事物里的任何一个了；虽然它并不是特别某一个事物，它也尚不是无；它既不是一又不是多，既不是这个又不是那个，既不是一个实质又不是一个偶然的东西。

因为质料是完全没有形式的，所以柏拉图主义者们把质料叫做“缺如”(carentia)；由于质料缺乏形式这一点便产生出质料对形式的欲求，这使得质料乐于接受必然性所加于它的任何形式，或者接受任何倾向于把它带进现实性之秩序中去的东西；这就像蜡处于即将用蜡去做出某种东西的人的手中一样。质料没有形式是由于它的“缺如”和它的欲求；它的无形式性把这两者这样地联系起来，结果产生了绝对可能性，作为一个单纯的三位一体——单纯，是因为“缺如”、自然倾向和无形式性不能看成是它的部分，因为这样看就会意味着有一些事物先在于绝对可能性，那是荒谬的。由于这个理由，它们是三种样态，没有它们，绝对可能性就不会是绝对的。事实上，在可能性中有“缺如”是偶然的，因为它之被说成为缺乏形式，是由于它不具备它本可以具备的形式；因此，才产生了“缺如”这个词。另一方面，无形式正是可能性的一种形式，并且，按照柏拉图主义者们的说法，可能性也可以说就是形式的质料。因为世界灵魂是遵从他们称为“生长欲”的东西而与质料相结合的。这样，须由世界灵魂和可能性的结合，通过一种从世界灵魂下降的运动，并通过可能性或滋生力要活动的天性，那个无形式的滋生力就发展成为现实性作为有生机的灵魂。因此，他们把这个无形式性说成是诸形式的一种质料，它为了成为现实化的，就必须接受一种感性的、理性的和悟性的形式。

与此相应地，黑尔漠斯说：质料(ὕλη)是肉体的保姆，而没有形式性是灵魂的保姆；我们之中有些人曾认为，混沌就像诸事物的可能性那样，自然地先于世界；并认为在那个混沌之中有着无形式的精神，一切灵魂都以可能性的状态存在于这个精神之中。

古代斯多噶学派的哲学家们就这样断定：在可能性中一切形式虽然是潜在的，也都是现实的；它们通过去掉遮盖来显现，正如一把木勺只是从一块木头上挖去了一些部分而做成的。

另一方面，逍遥学派哲学家们主张，在质料中，形式只是作为可能的东西而存在，要通过动力因的作用才变成现实的东西。因此，说形式不仅来源于可能性，而且还来源于动力因的作用，这才更为正确；因为，很明显，为了用一块木头刻制一个雕像而挖去一些木片就是给予它某种形式。如果一个匠人不能用石头做一个木箱子，原因乃是在于质料的完全不相合；如果一个人他根本不是个工匠因而不能用木头做个木箱，则错误就在动力因里。因此，质料与动力因都是必要的。这样，形式在质料之中只以某种方式作为可能的东西；它们的现实化还依赖于动力因。

因此，他们这样说过，一切事物都潜在地包含在绝对可能性之中。绝对可能性的无止境的无限性质，同时从它之无形式和它倾向一切形式的天性中产生；例如，可以给予一块蜡的可能形式是无限的；如一个狮子的形式，一个兔子的形式，或任何事物的形式。可是，这仍旧是一个与上帝的无限性相对立的无限性，因为它是通过缺乏而成为无限的，上帝的无限性则是出于丰富，因为在上帝里面，一切事物都是行动中的上帝。于是，那些讨论了绝对可能性的人的结论乃是：质料的无限性是消极式的，而上帝的无限性则是否定式的。

与此相反，我们已经通过有启发性的无知而发现，可能性是不可能成为绝对的。我们的理由是这样，在可能的东西中，没有东西可以比绝对可能性更少可能性。因为，甚至就著作家们所承认的来说，它也已最接近非存在了。那么我们就会在能够分别具有各种不同程度的事物中达到一个极小和一个极大了，这是荒谬的。因此，绝对的可能性在上帝中就是上帝，而且在上帝之外，就不能有绝对可能性的问题；因为上帝以外的一切事物必然都是有限的，所以不能有什么东西是绝对可能性。事实上，如果世界上的各个不同存在物是这样的，它们的潜在性一个大于另一个，一个单纯的、绝对的极大与极小仍旧并不存在于它们中间；但是世界上的存在物正是如此，因此，这就显然地必须否定可能性是绝对的。

因此，一切可能性都是有限的，而它的限制来自行动，所以不能有关于纯粹可能性的问题，或不以某种方式被这种或那种行动所决定的可能性的问题；可能性的天然倾向也不能是无限的和绝对的，不能一切限制都没有。因为只有上帝是行动的原因，由于他正是无限的行动，但是可能性只有偶然性的存在。那么，如果可能性是绝对的，它的偶然性又将如何解释呢？可能性的偶然性是从这里产生的，即第一存在物不能产生出一个整个儿地、单纯地是绝对的行动的存在物。因此，行动从可能接受一个限制，这样，除了在潜在之中，它就没有绝对的存在，而可能性除了它为行动所限制的时候外，就不能有绝对的存在。

我们看到某一事物行动较多，而另一事物潜在较多；可是，这些分别和程度的存在从来都不达到一个绝对极大和绝对极小，因为极大和极小的行动与极大和极小的潜在是等同的;它们正是那正确地叫做绝对极大的东西,如我们在第一卷中所已看到了的那样。

再者,如果事物的可能性不是有限的,任何事物就都不能有合理的解释了,反而是像伊壁鸠鲁所错误地主张的那样,一切事物都会是出于机遇。事实上,这个世界的可能性被缩影化而成了要变成这个世界的天然倾向,那必定是为什么这个世界从可能的存在变成了现实的存在的理由。那么,可能性的天然倾向是有限的,而不是绝对的。对于地球、太阳以及其他,也都必须同样这么说,因为,对于它们,也不会有更多的理由可以说明它们怎么会变成现实的东西,除非它们早已以某种有限的可能形式而潜在于质料之中。

这样,就可以推论出,由于上帝是无限的,因而他本来能把世界创造成无限的;然而,由于可能性必然是有限的,而它的天然倾向既不是完全绝对的,也不是无限的,这个世界,由于它的可能的存在,就不能是现实地无限的,不能大于它之所是,或以任何方式成为有别于它之所是的另外样子。可能性的限制来自行动,而行动则出自无限的行动。因此,由于可能性的限制来自上帝,而行动的限制则是由于偶然性,这就推论出:这个必然通过偶然性而受到限制的世界,是有限的。这样,按照我们关于可能性的知识,有限的极大显然来自必然有限的可能性;并且这个限制是由于行动,而不是由于偶然性。我们的结论是,对于宇宙之所以是有限的,是有着合理解释和必然原因的,它意味着,世界——仅仅是一个有限的存在物——必然从上帝得到它的存在,因为上帝是绝对的极大。

我们必须更深入地研究这一点。绝对的可能性就是上帝;如果我们把世界作为处于绝对可能性之中来思考它，我们就是把它作为处于上帝之中而对它进行思考，那么它就是永恒本身了；如果我们把它作为处于有限的可能性中来思考它，那么可能性就其性质来说就仅仅是先于世界的；那个有限的可能性并不是永恒，它也不与上帝共同永恒，但它是从永恒那里降下来的，正如有限的东西是从绝对的东西那里降下来的一样；而它们相互之间又是相去无限遥远的。

为了符合于经过启蒙的无知的规则，我们必须把自己限制于对潜在或可能性或质料所作的这些说明之中，至于可能性如何逐渐进到行动，这就必须留到《猜想篇》一书中去处理了。

第九章　宇宙的灵魂或形式

所有的哲学家都承认，可能的存在物只能由行动中的存在物使之成为现实；事实上，没有什么事物有能力把它自身带到现实秩序中去，因为这就会意味着它是自己本身的原因，或它在存在之前就是现实的了。因此，哲学家们曾坚持主张，可能性过渡到现实性是因为有一个施动者有意要它这样，这样，可能性之变成现实不是一个机遇的事情，而是出于一个理性的要求。

这个至高无上的施动者曾被给予各种不同的名称：诸如意念、智能、世界灵魂、命运；有些人，如柏拉图主义者们，曾把它叫做普遍必然性，因为他们想，这个施动者就是那必然地决定可能性在现在的现实秩序中成为它在以前的可能秩序中按本性所是的东西。他们说，事物的形式存在于那个意念之中，就像理念以很相同的方式可以作为可能的东西在质料中找到那样。他们断言,普遍必然性在获得关于形式及与形式关联的一切东西的真理性之后,便使天体按自然秩序运动;以运动为手段,普遍必然性使可能性达到一种现实化的状态,这种状态尽可能完善地符合于意念中的真理概念。按照这些哲学家的观念,形式,由于它是处于质料之中,所以通过意念的那种操作,并借助于那种运动,便是真实理念形式的一个形象;因此,它不是那真实的形式,只不过是与它相似。柏拉图主义者们的结论是:真实的形式在存在于事物中之前,已先存在于世界灵魂中,借着这样一种先在性,它不是在时间上的占先,而是在性质上的占先。逍遥学派哲学家们摒弃这种见解,陈述说,形式所具有的唯一存在就是在质料中的存在,而在意念中则是由抽象而来的;很显然,抽象是在事物已经存在之后才做出的。柏拉图主义者认为,在普遍必然性中确实存在这一类各不相同的范型;相应于自然秩序,范型是众多的,它们却来自统一的无限理性,在这无限理性中,一切事物是一体的。他们这样说并不意味着,这些范型就是由无限理性创造出来的,而只是以这样一种方式派生出来的,因此,如不认为"世界灵魂存在"的说法同样也真实,那就绝不能认为"上帝存在"的说法是真实的。对于他们来说,世界灵魂就是上帝意念的展开,所以一切事物在上帝之中只是一个范型,而在世界灵魂之中却成了众多的和各不相同的范型;他们进而说,上帝按其本性就先于普遍必然性,世界灵魂按其本性先于运动,而运动作为工具,先于诸事物在时间中的发展。他们的结论是:那些在灵魂中有真实存在而在质料中有可能的存在的事物在时间中借着运动而发展。这个时间中的发展遵照大自然的秩序,这个自然秩序处于世界灵魂之中，并被叫做机运（实质性中的机遇 fatum in substantia）它在时间中的发展被大多数人叫做宿命，因为实际上，它源出于机运（实质性中的机遇 fatum in substantia）。

这样，按照他们的看法，当我们说到可理解的世界时，我们是指它在世界灵魂中的存在样态；当我们说到感性世界时，我们指的是，已如上述，通过决定性而为可能性的现实化所发展的它的现实的存在样态。可是，他们仍还主张，由于形式存在于质料之中，并由于它们处于世界灵魂之中，因而它们并不是真正各不相同；只是它们的存在样态互不相同而已：即在世界灵魂中，它们具有真实的实质性存在，而在质料中，它们只是影子般的相似品，而不具备它们的原本的清晰性。他们还认为只有悟性可以达到真实的形式；这些形式既然都是沉浸于质料之中的形式，理性、想象和感觉就只能把握到一些影象。这就是为什么他们只给了我们一些猜测，而不是关于任何事物的真理。

他们的意见是：一切运动都从这个世界灵魂而来，他们说，这个世界灵魂全部在整个世界中，也全部在世界的每一个部分之中，虽然，它的影响对不同的部分是不同的；这就和有理性的灵魂一样，它全部处于整个人里面也全部处于人的每一部分之中，可是它的作用在毛发和心脏中还是并不相同的。就由于这个理由，他们论证说，一切灵魂，不管它是否在肉体之中，都包含在世界灵魂之中，因为它弥漫于整个宇宙；这并不意味着某一部分在这里，另一部分在那里，因为它是单纯的不可分割的，而是意味着它全部在大地中，由于它的力量使大地得以凝聚在一起，它也全部在一块石头中，它在那里的作用是维系各个部分结合在一起，它全部在水中，全部在树木中，全部在每一事物之中。世界灵魂是第一个环形发展(神的意念可说是一个中心点，世界灵魂以一个圆环形式发展着)；也是由于本性，一切事物的整体处于时间的秩序中。这种复多性与统一性(离散与秩序 discrelio et ordo)使他们把世界灵魂称为“自我运动着的数”，并且说，同一和差异在世界灵魂之中是一样的。他们也认为仅仅是数使世界灵魂区别于人的灵魂；恰如人的灵魂关联着人，世界灵魂则关联着宇宙，因为他们相信，一切灵魂都来源于世界灵魂，并把世界灵魂作为他们的归宿而回到世界灵魂，只要它们的恶行不挡住它们的路。

柏拉图派的这一理论对于许多基督教徒是可以接受的。特别是从上帝之中没有差异、没有“殊异性”的事实出发，以及从石头的本质不同于人的本质这一事实出发，他们论证说，这些各不相同的本质，以现存不同事物呈现的范型，一定有一个后于上帝，但先于事物本身的存在，因为理性先于事物，特别是在统管诸世界的上帝意念中；这样一些各不相同的本质是诸事物的不可毁坏的理念，存在于世界灵魂之中。他们甚至主张世界灵魂和一切事物的理念是这样地相同，以至在世界灵魂中一切的理念就构成它的实质，虽然他们自己也承认，这是非常不容易捉摸和解释的。

为了捍卫他们自己的见解，他们求助于《圣经》，例如，“上帝说，要有光，就有了光”[①]，那么，如果光不是天然就事先存在于真理之中的，为什么上帝会说“要有光”呢？如果它没有这样一种先行的存在性，为什么当它一旦在时间中被造了出来，便被称为光，

① 见《圣经·创世记》，第1章第3节。——译者

而不是叫做任何别的什么呢？他们还引证了许多类似的经文来肯定他们的理论。

由于逍遥学派的哲学家们认为大自然的作为便是智能的作为，他们拒绝承认这些范型的存在；如果他们认为那个智能并非上帝，那么，我当然认为他们是错误的。事实上，如果在那个智能之中没有理念，还能给运动规定什么目的呢？如果在时间中将被授予存在的事物有其理念，那个理念也就是运动的理由；这样的理念也不可能从那还没有在时间中存在的事物中抽象出来。因此，如果有一个不是从抽象中得到的理念，那么，那当然就是并非从事物中得来的，而是它们的范型的理念，就如柏拉图派哲学家们所主张的那样。因此，对于柏拉图派哲学家们，诸事物的理由或本质虽然互不相同，却都与智能本身相等同，而且事实上形成了一个单纯的智能，它把一切本质都包含在其自身之中；例如，人的本质和石头的本质是两种不同的本质；但是人性，像"白"的性质为一个白色的客体所分沾那样为人分沾的人性，则与智能的本性相符合地在智能之中有着一个理念性的存在，而在人这个事物本身之中它又有着一个真实的存在。除此以外，它没有别的存在。因此，并没有关于两种不同的人性的问题：即柏拉图所说的人性和享有一种分开的或不同的存在的人性；存在样态是不同的，但它是同一个相同的存在物，它在智能中的存在先于在质料中的存在——不是时间上的先在而是性质上的先在——正如理性天然地先于事物一样。

柏拉图学派哲学家们的论证的确是中肯的，而且很有根据。亚里士多德对它们的反驳远远不是很有根据的，因为他的攻击不很对得准他们的学说的实质，而是更多地针对其文字表达。我们可以依靠那个有学识的无知看出真理在哪一方面。因为我们已经证明，单纯的极大是超出我们所能捉摸的；因此，没有什么不是上帝的绝对潜在或绝对形式或行动；离开了上帝，任何事物就都是有限的；只有一个唯一的诸形式之形式，一个唯一的诸真理之真理，并且，在极大中，圆之真理与方之真理没有区别。因此，仅仅在它们的有限状态中，诸事物的形式才是各不相同的；在绝对中，它们不是众多的和各不相同的，而是一体的；这个一体就是上帝的“道”。因此，世界灵魂必然是与从中获得一种限制的质料共同存在的；它并不是像一个离开事物或可与事物分离的心智那样独立存在着。如果我们把心智看成是没有一切潜在性的，那么，我们所想的就是上帝的心智，因为只有它才是纯粹的行动。那么，范型由于有各种不同而具众多性，那就是荒谬的，因为每一个范型对于照它摹印出来的诸客体就是无限真实范型；但是，无限的真理只能有一个。独一的无限范型是所需的一切，并且仅此一个就已足够。在其中，一切事物可说是按秩序排列好的，而一切本质，不论是多么互不相同，却在其中最适当地被划一了，即是说，无限本质本身完全没有任何程度差异和区别，既是完全圆的本质，也是四边形的本质以及一切其他形体的本质，这从无限的线这个例子中就能加以了解了。

当我们思考诸事物的多样性时，我们便困惑于不知怎样去理解一切事物共同的唯一绝对单纯本质也就是各个特殊事物的特定本质；可是，我们又明明知道它必定是这样的，因为有学识的无知已经向我们指明，在上帝之中，同一性就是多样化。由于看到一切事物之本质的多样化是一个最真实的事情，我们就从这一事实的绝对真理而把握到一切事物的那个独一绝对真实本质,那也就是无限真理本身。因此,当我们说,上帝已经创造了各不相同的本质——人的本质不同于石头的本质——就各个事物来说,这些差异是真实的,但就造物主来说则不然。例如,我们在数中也有与此相同的东西,就其本身来说是一个东西的三元基数便是不受程度影响的绝对单纯本质或缘由;就绝对单纯本质与不同事物之关系来说,多样性与差别是存在的。三角形中三个角的三位一体本质,质料的本质,形式的本质以及处于一个实质之中的复合物的本质全都是不同的;同样,母亲、父亲和儿子的本质,三个人和三个驴子的本质也都是不同的。那么,柏拉图主义者们把普遍的必然性看成是低于造物主的一个心智,那他们是完全错误的;普遍的必然性乃是上帝的"道",是在神性上与圣父同等的圣子,他被称为逻各斯和缘由,因为他是一切事物为什么存在的缘由。所以柏拉图学派关于各种形式的各种影像的理论必须完全否定,因为只有一个无限的诸形式的形式,一切形式都是它的影像,就像我们已经说明了的那样。

因此,对于这些论点,我们必须牢牢掌握。事实上,世界灵魂必须被看成是一个把一切形式都包含在它自身之中的普遍形式;可是它在诸事物中只有一个缩影化了的现实存在,它在每一事物中并都是那个事物的缩影化形式,就像我们前面讲到宇宙时所说的那样。因此,一切事物的动力因、形式因和目的因就是上帝,上帝借着那独一的"道"创造一切事物,不论它们是多么各不相同;每一个被造之物都由上帝的这个创造行动而得到它的存在,并由于这一理由而成为有限的。在被造之物与造物主之间有一个无限。

唯独上帝是绝对的，其他一切都是有限的。

因此，在绝对的和有限的之间没有一个中和，即像那些把世界灵魂看成心智，其存在后于上帝，但先于有限世界存在的人们所想象的那样。只有当灵魂是被当作某种绝对的东西来看待，在其中一切事物的形式都是现实的，那才可以把上帝称为世界的灵魂和心智。因为哲学家们对上帝的"道"和绝对极大缺乏足够清楚的观念，所以他们想在绝对必然性的发展中找到一个不受任何限制的心智，灵魂和必然性。

因此，诸形式只是在"道"中以及在事物中才是现实的，在"道"中，它们就是"道"本身，而在事物中，它们是有限的。那些具有一种被造的悟性性质的形式，由于其悟性性质，它们较为独立一些；可是仍旧还是有限的，例如，悟性就是这样的，按照亚里士多德所说的，悟性的作为就是借着概念来进行认识。关于这点，我们还要在《猜想篇》中有所论述。这里，我们对世界灵魂的研究应该够了。

第十章　宇宙精神

有些人认为，影响到质料与形式间联系的运动是一种介于质料与形式之间的精神，遍布于整个太空、星球和地上的事物。因为天穹的运动不是一种环绕运转，而只是从东到西，他们称它为阿特罗波斯[①]，也可说是不可改变者；又因为诸行星是环绕的，而且有

① Atropos，希腊神话中命运三女神的最长者，原意为"不可逆转"，她在人寿尽时，即割断其寿数之线。——译者

一种相反于天穹的从西到东的运动，他们给它命名为克娄透[1]，即环转；最后，因为地球上的事物被偶然性所支配，他们把它称为拉基西斯[2]或命运。

行星的运动似乎是从第一运动发展而来的，而暂时的、地上的事物的运动则是行星运动的一种发展。就和收成蕴藏于种子之中一样，事件的原因是潜在于地上事物之中的，这就导致他们得出结论，那些像包含在一个线团中那样包含于世界灵魂之中的事物，由于这一类运动而伸展出来，并被加以延伸。哲学家们用雕刻家想把石头雕成一个石像为例子来说明这一点。在雕刻家的心智中有一个雕像形式的观念，通过他所操作的工具，就造出一个以他的观念为范型的雕像现实形式；他们认为世界心智或世界灵魂以同样的方式，在它里面含有诸事物的范型，这些范型被运动所物质化。他们主张，这种运动和世界灵魂一样遍布于一切事物之中。他们认为，很像机遇(fatum)是在机运(fatum in substantia)的行动与行为中的一个发展一样，在天穹中、行星中和尘世事物中的这种运动也是机运的一个发展，因为一件事物的存在就是由那个运动或精神具体决定的。

他们肯定这种联系的精神同时从质料和世界灵魂中产生出来。事实上，从质料要受取一个形式的天然趋势中迸发出一种欲求：它欲求一个形式就像恶欲求善，缺乏欲求占有一样。形式也有

① Clotho，希腊神话中命运三女神中的最幼者，原意为"纺线者"，她纺制人们寿数之线。——译者

② Lachesis 希腊神话中命运三女神的居中者，她手执生死簿和纺锤，人寿尽时，纱线即断。——译者

一个欲求——即欲求现实化；但是由于它不是它自己的存在，而且它不是上帝，因而它的存在不能是绝对的，于是，它为了成为有限的存在而下降到质料中。换句话说，当质料向着成为现实而高攀上去时，形式便俯就下来限制、完善和规定质料。因此，从上升与下降就发生了把它们两者联系起来的运动。潜在与行动就是借助于这个运动而联系起来的，因为作为中介的运动本身，是从可被推动的质料和一个形式性的施动者当中迸发出来的。

那么，这就是那遍布于整个宇宙及其一切部分之中，并且被命名为大自然的有限的精神。因此，大自然可说包纳源出于运动的一切事物。这个运动如何按照适当秩序逐渐从普遍归结到特殊，可以用下列的例子来说明。当我说“上帝存在”时，这句话的说出是由一个运动构成的，而且按照这个确定的秩序；首先，我发出各个字母的读音，然后是各个音节，然后是各个字，最后就是那个句子，虽然这些顺序推进的各阶段并不为耳朵所察觉。同样，运动也按照各个阶段的层次而从普遍下降到特殊，在那里，运动为暂时的或自然的秩序所限制。这个运动或精神是从上帝的精神那里降下来的，上帝则用运动本身使一切事物运动。因此，正如在一个谈话者那里，有一个从他发出并形成一个句子的气息或精神，就如我们已经谈到过的那样是一个精神的上帝，也就是一切运动都从那里下降的那一位。真理本身告诉我们：“不是你们自己说话，乃是你们的父的灵在你们里面说话。”[①]对于一切其他活动与运转也都必须这样来讲。

---

① 见《圣经·马太福音》，第10章第20节。——译者

因此，这个被造出来的精神，就是这样的一种精神，没有它就没有“一”，没有它就什么事物都不可能自存。它充斥整个大地；靠着它，整个世界及其所含的一切就自然而然成为它们互相联系地所处的样子，这样，借助于这种精神，潜在就寓于行动之中，而行动也通过这种精神寓于潜在之中。这是一种爱的运动，这种爱把一切事物都联结为一体，结果使一切事物共同形成一个统一的宇宙。事实上，一切事物都是个别地被推动到恰正成为它们所是的那个样子；它们也不会同样恰当地成为另一事物，因为它们就是它们以可能的最好方式所是的东西。可是，每一事物同时也以它们各自的特有方式，直接地或间接地参与并限制一切其他事物的运动：各种元素参与并限制诸天体的运动，各种元素和一切肢体参与并限制心脏的运动，结果宇宙就是一个统一体。由于这种运动，诸事物都以可能的最好方式而存在；这个运动的目的是为了事物本身的保存，或者通过两性的结合而保存它们的物种，因为，虽然个体的性别是规定了的和分开着的，在存在着运动的大自然中，两性却是统一的。

因此，不可能有这样的一种运动，它就是单纯最大的运动，因为那就会使它与静止相重合了。因此，没有一种运动是绝对的，因为绝对的运动就是静止。那就是上帝，并且一切运动都包含在他里面了。正如可能性包含在绝对可能性之中，这绝对可能性就是永恒的上帝，而每个形式和行动都包含在绝对形式之中，这绝对形式就是圣父的“道”和上帝的圣子，同样，每一种联系事物的运动和每一种结合事物的关系与和谐，都在圣灵的绝对联系之中，因而只有一个一切事物的本原，即上帝。在上帝之中和通过上帝，一切事物作为三位一体的有限影像而在有限世界里以一种三一性的统一体而存在，它们各按其存在程度而或多或少地与上帝的三位一体相似。作为一种结果，我们在悟性的诸本性中看到潜在、行动和联系运动的一种程度，在这里，运动就是理解；在物质事物中，我们看到另外一种程度，那就是质料、形式和联系，而在这里，运动就是存在；但我们将在另外的地方讨论这一问题。就目前来说，我们对宇宙的三位一体已经说得很够了。

第十一章　从运动得出的一些系论

进行学习的无知已经指明了的上述原理的真理，这一事实对那些从来没有听说过这种学说的人或许会是一种意外。通过这个学说，我们现在知道宇宙乃是一个三位一体；在宇宙中没有一个存在物不是由潜在、行动和联系它们的运动所构成的一个统一体，而这三者中没有一个能够离开其他二者而绝对自存，结果是它们必然以极为不同的各种程度存在于一切事物之中——它们在程度上如此各不相同，以至在宇宙间一切事物中不可能找到两个完全相等的存在物。因此，一旦我们考虑到诸星球(orbium 星轮)的不同运动，我们就看到，世界的动力不可能有一个物质的土地、气、火或任何别的东西作为一个固定不动的中心。在运动中没有像一个固定中心那样的绝对的极小，因为极小与极大必然是同一的。

因此，圆心与圆周是同一的。可是，世界并没有圆周。如果它有一个圆心就一定会有一个圆周，在这种情况下，它就会在它自身之中包含它本身的开端与终极；那就会意味着有某种另外的东西把一个限制加于世界——即有另一存在物存在于世界以外的空间中。所有这些结论都是错误的。这样，由于世界不能被圈在一个物质的圆周和圆心之中，那么没有上帝作为它的圆心和圆周就是不可理解的。它不是无限的，可是它也不能被设想为有限的，因为没有把它圈在里面的界限。

大地既不可能是中心，它一定以某种方式运动着；事实上，它的运动甚至一定是这样的，即尽可能无限地少动一些。正因为大地不是世界的中心，所以，世界的圆周也不是恒星天球，尽管大地好像是近于中心，而天则更近于圆周。那么，地不是第八层或任何一层天球的中心，而六颗星在地平线上的显现也并不证明大地是第八层天球的中心。即使第八层天球在距中心某个距离上回绕它的通过两个天极的轴线而旋转，即一个部分将向上朝着一个天极，另一部分则将向下朝着另一个天极，那么，很显然，对于像地平线一样距离天极很远的人们来说，只有半个天球可以看得到。再者，世界的中心本身既不在大地里面也不能说在外面；我们的这个大地没有中心，任何其他的天球也没有任何中心。中心既然是一个与圆周等距离的点，既然又不可能有一个球或圆完美到有一个更完美的球或圆，这就可以清楚地推论出，总可以找到一个比任何给定的中心更为真实的更为准确的中心。我们仅仅在上帝身上可以找到这样的一个中心，它以完善的精确性等距离于一切的点，因为仅仅只有他才是无限的相等。因为，永受祝福的上帝才是世界的中心：他乃是那大地的中心，也是一切天球的中心，也是世界中一切事物的中心；同时，他也是一切事物的无限圆周。

再者，在各层天空之中没有固定不动的极，虽然恒星天球似乎是按越来越小的圆圈运动——(小于昼夜平分圈或昼夜平分圈的伴随体〔circulos minores〕quam coluros〔aut〕aequinoctialem)；以及其他的诸如此类的中介体。各层天球的一切部分必然都在运动中，虽然它们的运动与诸星体在运动中所划出的圆圈相比较并不是一律的。这就解释了为什么某些星体似乎划出一个极大的圆，而另外的星体则划出极小的圆；但是没有一个星体不划出一个圆圈。这就很清楚，与两个天极等距离的一个中心是不可能找到的，在天球上没有固定的极就是它的简单理由。因此，在第八层天球中没有一个星体在其旋转中划出极大的圆，因为这样就会必然意味着它是对两个天极等距离的；但是天极并不存在。这必然也推论出，没有哪个星体划出极小的圆。

因此，诸层天球的两极和圆心相重合，这样，就并没有圆心而只有极，那就是永受祝福的上帝。只有参照一个固定的点——极或中心——我们才能探知运动，我们就在度量运动时想当然地认为这种固定的点是有的。由于我们所提出的这些假定，我们发现自己在一切论点上均陷于错误，并且，因为我对古人关于中心、极和度量所具有的观念毫不怀疑，所以当我们发现星体不是处于它们的体系所指定的位置上时，我们就感到迷惑不解了。

从前面的论证可以明白看到，大地是在运动中。我们从彗星的运动已经知道，气与火元素也是在运动中，并得知月亮从东向西运动得比水星或金星或太阳少些；以及其他各种程度的不同。这样接下去就是大地本身的运动程度最小。然而，大地在其运动中并不像一个星体那样围绕着一个中心或极而划出极小的圆；第八层天球，如我们刚才所证明了的，也并不划出极大的圆。

那么，作为一个锐敏的观察者应考虑到的，正如诸星体在第八层天球上围绕着想象的极而运动，同样也可想象有一个极，中心也就假定在那里，大地、月亮和行星都像各星体一样，以一定的距离绕着这个极作不同的运动。因此，大地是在运动中，虽然，作为星体之一，它可能更接近于中心极，它却并不在其运动中划出极小的圆，正像我们所已指明了的那样。再者，虽然对于我们来说，可能似乎并不如此，但是不论是太阳、月亮或大地以至任何别的天球都不可能以其运动划出一个真正的圆，因为它的运动不是在一个固定的点上。一个给定的圆不可能这样地真实，以至再不可能找到一个更加真实的圆；而且一个天球在一个时刻的运动绝不是恰恰正相等于它在另一时刻的运动，它也从来没有划出过两个完全相似和相等的圆，即使从现象上说，相反的意见可能像是真实的。

如果你真正想要了解一点我们刚才所讲到的关于宇宙运动的问题，那你就必须尽可能借助于想象把中心和极看成是重合的。我们假定一个人在大地上处于北天极下面，而另一人则处于北天极上，对那个在大地上的人来说，天极似乎就在天顶，而对那个在天极上面的人来说，中心就会看来是在天顶。正如那些对跖人[①]同我们一样也在他们上面有天空，所以，就那处于南北两个天极上的人看来，地都会像是处于天顶；不论一个人处在什么地方，他都会相信他是在中心点上。那么，把所有这些你所形成的各种各样

① 在中世纪后期，欧洲已有人开始猜测到地同其他天体一样也是一个球体，因而认为在我们所处球面的反面，可能存在着一种脚跟正与我们的脚跟相对的人类，所谓“对跖人”(antipodes，这个词亦指对跖人所处地点，即“对跖点”)。此说当时曾被教会斥为异端，尼古拉引用此说时，此说尚处于猜测阶段。——译者

形象融合成为一体，那么，中心就变成了天顶，而天顶也就变成了中心；而你的悟性，它得到进行学习的无知这么多的帮助，于是便会看到，理解世界的不可能，以及理解其运动和形式的不可能，因为这个世界的样子就像是一个轮子套在一个轮子里面，一个天球套在一个天球里面，在任何地方都没有一个中心或圆周，如前面已经说明了的那样。

第十二章 大地的一些状况

古代哲学家们都没有达到我刚才所说的这些真理，这是因为他们缺乏有学识的无知。现在已经显然，这个大地确实是在运动，虽然我们看来它似乎是静止的。事实上，只有对照某些静止的东西，我们才能探测到任何事物的运动。如果一个人在河流中的船上，他又看不见河岸，并对水在流动的事实毫无所知，他怎么会知道船在运动呢？从这里，我们就知道了这个道理，为什么每一个人无论他是在大地上，在太阳上，或在另外一个行星上，都总是有这种印象，认为所有别的东西都在运动，而他自己却处于一种不动的中心里；他必定总是要这样来选择其天极，这些天极按照他所在位置是太阳、地球、月亮、火星等等而各不相同。因此，将有一个宇宙体系(machina mundi 世界机器)，它的中心可以说是到处都在，而它的圆周则哪里都不在，因为上帝乃是它的圆周与中心，而他正是到处都在又是哪里都不在的。

甚至大地也不是如某些人所坚持的那样是一个球体，虽然它有球形的倾向。世界的形状与它的运动一样，在其各部分中是有限的；当一条无限的线被设想为受到这样一种方式的限制，即作为有限的，它就不可能有更大的完善性与延伸，这样，它就是圆的，因为在圆里开端与终极是重合的。因此，圆形运动是更完善的运动，从这一点可以推论出，更完善的立体就是球体。因此，任何部分的运动都是为了整体的完善性；例如，重物向地运动，而轻物则向上运动，土趋向土，水趋向水，气趋向气，火趋向火运动；在运动中，整体尽可能趋向于变成圆的，而每一个形状都趋向于成为球形的，正如我们在各种牲畜、树木和各层天空之中所看到的那样。因此，一个运动比另一个运动更加圆些和更加完善些；各种形体也都以类似方式而互不相同。

这样，大地是一个雄伟的球形体，而它的运动是圆形的；但它还是能更加完善一些。从刚才已经讲到的来看，很清楚，世界上在完善性、运动和形体方面，既没有极大，也没有极小，所以，说这个地球是最卑下的和最低级的行星就是不真实的；事实上，如果它似乎是比世界上其他行星更居于中心，那么，正如我们已经指出的，它也正是由于这一原因而更接近于天极。地不是世界的一个对比部分，它也不是世界的一个均分出来的部分；因为世界既没有一个极大，也没有一个极小，因而，它既没有一个正中，也没有一些均分出来的部分。从人或牲畜来说，也有同样的情况，因为手虽然通过它的重要性而对人的身体承担着一种关系，但它不是人的一个均分出来的部分；对大小和形状也要作出同样的断定。颜色的黯黑也不是地球卑下的证据；因为我们所能看见的太阳亮光对于那可能住在太阳上的任何人就都不可能感知。像地一样，太阳也有它的特殊构造。考察之下，太阳的主体中可发现它是这样安排的：靠近中心有一种土壤，在周围区域有一种火焰样的亮光，在两者之间的区域是一种水质的云雾和较清净的空气。因此，如果一个人在火的区域之外，我们的大地在这个区域的周围区域上来看，它通过火中就会看起来像个明亮的星体；十分类似太阳从我们来看极为明亮那样，而我们正是处于围绕太阳区域的周围区域上的。月亮看起来不是那么亮的原因可能在于：我们是处在其周围区域的内侧并较为向中心部分——也可以说是处于其水质区域内。就因为这个原因，它的光便不甚明显了，虽然它有自己的光，这个光，处在月亮周围极边缘的人就可以看到；对于我们，就只有反射过来的太阳光可以看得见。由于这一原因，月亮的热也不像太阳的热那样传送给我们，——月亮的热无疑是月亮运动的结果，并且，运动在周围区域上更大些，热也就更高些。因此，我们的大地似乎处在太阳范域和月亮范域之间，并通过它们，又受到其他星体的影响，这些星体是我们所看不见的，因为我们处在它们的范域之外。那些发出闪光的星体范域，乃是我们所仅仅看得到的一些。

因此，大地乃是一个明亮的星体并有自己的光、热和影响，独特地属于它自己而不同于一切其他星体的光、热和影响，正如每一星体都在光、特性和影响方面不同于每一其他星体那样。每一星体都向另一星体传送光与影响；但是，这种传送并不是这些星体的目的，因为一切星体都只为了一个唯一的目的而运动和发出闪光：就是为了实现它们所可能的最佳存在；由于这点随之产生了传送光与影响的结果，同样，光之所以发光不是为了使我可以看见，而只是由于它的那个要发光的本性；当我为了看见的目的而使用光的时候，光的传送就处于发光之结果的位置上。永受祝福的上帝这样创造了一切事物，当每一事物作为上帝的恩赐而竭力保持其存在时，都是在同其他事物的协作中那样做；例如，脚只有一个目的，那就是行走，但是实现了行走，那就并不仅仅是为脚服务，而且也服务于眼、手、身体以至整个的人。与此类似的例子可以举出眼和其他各个肢体；世界的各个部分也同样可以用作例子。柏拉图说世界是一个动物。不必像他那样地沉浸于这种想法中，只要你设想上帝是这个世界的灵魂，我们所讲到的东西中有许多你都可以明白了。

地比太阳小，并受到太阳的影响，并不是把它称作卑下些的理由，因为一直延伸到火的周围区域上的整个地的范域是巨大的。从地的阴影和日蚀中，我们得知大地比太阳小；尽管我们还是并不知道太阳的范域比大地的范域究竟大多少或小多少。地的范域不能恰恰相等于太阳的范域，因为没有一个星体能相等于另一星体。而大地不是最小的星体，因为月食已经向我们表明地比月亮大；有些人说，地甚至比水星大，或许比一切其他星体都大。因此，从大小来说，没有证据足以断定大地的卑下。

甚至对地所施加的影响也不是其不完善性的证据；或许正如我们所已经说到的，地作为星体之一也对太阳及其范域具有类似的影响。我们从经验中还没有得到关于这种影响的知识，因为除了我们所处身的各种影响都在此会合的中心里的经验以外，我们没有别的经验。事实上，即使我们把地球设想为潜在，而太阳是其形式化的行动或灵魂，月亮是它们联系的中介，其结果也将是那些处于同一范域内诸星体之影响的相互关系（按照古人，甚至一些当代人的看法，其他的星体如水星、金星等等都处于这一范域以上）；

那么，影响的相互关系清楚地是这样的，即每一星体都不能没有另一星体而单独存在。同样，这种统一而又三重的影响将在一切星体中都能以不同程度找到。就上述这些论点而言，人显然不可能通过同其他星体的范域相对比，诸如同太阳、月亮以及其他星体的范域相对比而确定地的范域在程度上更完善些或更不完善些。

地位也不能充作大地卑下的一个论证。生命，以人、牲畜和植物的形式而在这里生存于地上，让我们假设，它也能以一种更高级的形式而在太阳范域和诸星体范域中找到。不要认为这样多的星体与诸天球的各部分都是没有住户的，而只有我们这个大地才是有人住的——并且，也许这还只是一种比较卑下的存在物住着——我们却要假设在每一范域中都有居住者，素质各按等级而有所不同，但他们的来源都出自上帝，他乃是一切星体范域的中心和圆周。这样，即使会有另外一种居住者生存于其他星体上，但似乎不能设想，在素质系统上，还能找得到任何比生存于这个大地上及其范域之内的悟性素质更为高贵、更为完善的东西。事实是人并不向往于任何别的素质，而只渴求他自己素质的完善。

如果我们假定，为了实现宇宙的计划，整个其他有居住者的星体的范域与整个这大地的范域处于某种我们所不知道的对比关系之中；并假定，以共有的普遍范域为中介，在这个大地或这个范域中的居住者和其他星体的居住者之间双方因此便会涌现某种关系——就像以手为中介，在手指与脚的特定关节之间存在着一种对比关系，也像以脚为中介，而在脚与手的特定关节之间存在对比关系；这样手脚就全都适当地适应于整个活体；甚至通过这个假设，我们也不能在那些其他星体居住者（不论他们的素质如何）与这个世界的居住者之间找到一种对比关系。

由于对整个范域我们都一无所知，关于其居住者也就仍旧全然无所得知。我们现在只讲这个地上的情况——给定物种的动物联合起来形成这个物种的一个共同家园，分沾着它们栖息地的共同特征，对于外来者毫无所知，也毫不关心。他们关于外乡人的认识，即使这认识能达到某种语音的表达，那也完全是表面的和猜测性的，而且，按照实际情况，只有通过长期的经验才能加以理解。那么，关于那些住在我们自己的世界以外的居住者，我们所能知道的就更少了，因而就没有什么标准可以用来对他们进行评断。不妨猜测，在太阳范域内存在着太阳上的存在物，这是一些聪明通达的有智能居民，从素质来说，他们要比可能在月亮上住着的那些居住者更有灵性一些——月亮上的居住者可能是疯癫的——在地球上的居住者则较为粗犷些并物质化一些。可以假定，那些太阳上的智慧人具有高度现实化而较少潜在化，而大地上的居住者较多潜在化而较少现实化，月亮上的居住者则处于两者之间。

我们从思考到太阳的火焰性素质、月亮上的水元素和气元素，以及大地的沉重大块，作出这些推测。我们也可以作出关于其他星体范域的类似臆测，猜想在这些星体范域里没有一个没有居住者，每一个都与我们所居住的世界一样，都是同一宇宙的一个特殊范域，这个宇宙包含着像数不尽的星体一样多的这种范域。我们可以猜想，这些范域如此地众多，只有那创造全部数目万物的上帝才能数得清它们，而在这些局部范域里，整个宇宙在其向下的四重发展过程中经受着三重的缩影化。

我们在地上所看到的物质朽坏也不是有说服力的证据足以证

明我们的地是邪恶的。只看到单个儿一个上有星体与星体之间的作用与反作用的宇宙，我们绝不能宣称任何一个事物是纯粹的、不可救赎的败坏。当星体的影响集中在一个个体上时，有时会消失到它的构成元素中去，这样，现存这一种或那一种存在样态就不见了；因此，最好把朽坏看成是一些不同的存在样态，并与维吉尔[①]一样宣称，任何地方都没有死亡存在的余地。因为死亡看来不过是一个复合体分解成为它的各个元素。谁能说这样的分解只发生在这个地上呢？

已经断定，地上每一单独物种都与各个星体相对应。那么，如果大地在每个物种里为每个星体的作用规定一个聚焦点，为什么在接受其伙伴的作用的其他天体上就不会作出类似的规定呢？而且，谁能说，现在浓缩于一个复合体之中的这种星体作用，不会在这复合物分解为它的构成元素时又回到它的来处去呢？谁能说，地上一个特定物种的动物个体，当所有星体作用都被收回时，不会分解为它的原始质料，而只有它的形式回到那个特定星体上去，即回到该物种从之获得在大地母亲上的现实存在的那个特殊星体上去呢？或者谁能说，单独的形式不会复归为范型，即复归为柏拉图学派的哲学家们所说的世界灵魂，而质料也不会复归为可能性状态呢？把它们结合起来的力量，它们从诸星体运动所得到的联合精神，在发生机体失调或其他朽坏的原因时，可能就让位于分离运动而退回到诸星体上去，这时形式爬到星界影响之上，而质料则沉到它下面。或者，谁能说创造的一个特定领域中的诸形式不会进

① 公元前70—前19年，古罗马著名诗人。史诗《伊尼德》的作者。——译者

入一种较高的形式而停留下来,比如说在一种悟性形式中停留下来,并借着它而达到宇宙的最后目的呢?并且,这个目的既然被各个较低级形式借助于这一悟性形式而在上帝那里达到,所以它本身就上升到周围区域,那正是上帝,而躯体则下沉到中心,那也是上帝,这样,一切运动都可以朝向上帝。中心与周围区域在上帝之中是一个东西,在恰当的时刻,寻求中心的躯体与趋向周围区域的灵魂将在上帝之中结合起来。同时,运动就停了下来,实际上并不是一切运动都停止了,只是指诸如那些进行繁殖的运动,即世界的这些基本因素,没有它们世界就不可能存在,而且,随着繁殖的及时终止,具备可能性的质料便将由于复苏起来的结合力同时出现,而与其形式重新结合起来。

不过,这些事情无人能知,除非他得到上帝的特别指导。无可怀疑,无限卓越的上帝为他自己创造了万物,并且不愿他所创造的那些事物中的任何一个灭亡。同样无可怀疑,对于一切崇拜他的人上帝乃是最丰厚的赏赐者。但是上帝的当前行动方式及其将来丰厚施恩方式都只有上帝知道:因为上帝就是他自己的作为。就目前来说在无知中应已经触及够多的了,以后我还将就上帝让我理解的,再稍作补充。

第十三章　创造世界的神圣设计及其构成部分全部都是应受赞美的

这个可见世界的庞大、美丽和有条理的安排必定使我们对其创造者的无比工巧充满惊奇,这一点,在有识之士当中是不成问题的。我们已经触及了神圣心智惊人创造技巧的一些例子。现在让我们再简要地加上几句,来赞美创造物各种元素的布置与互相调节。

当我们度量大小、分析元素和研究事物的行动时,我使用算术、几何学等科学,甚至利用音乐和天文学。上帝创造世界时也是使用这些科学的。他用算术把世界调整成为“一”,他用几何学给予世界一个平衡的设计,世界的稳定性及其受控运动的力量就是依赖于它的;他用乐律分配世界的各部分,使得土中之土不多于水中之水,气中之气,或火中之火,这样就没有一种元素会完全变成另一种元素;从而使自然体系不会陷于混乱。在某一种元素中,有一些可能变成另一种元素,但是(例如)与水混合起来的气,绝不会完全变成水,周围的气阻止这种情况发生;就是这种不可变性使得元素可以交混。不过,上帝也作了这样的安排,仍然可以有各种元素间的部分变化;当这种变化连续发生时,就有一种新事物产生出来并持续存在,只要这些元素之间继续保持一致。如果一致打破了,那种新实质也就消失了。

上帝把各种元素安置在一种令人赞叹的秩序之中,因为他按一定数量、重量和度量来创造一切事物。数量属于算术,重量属于乐律,而度量属于几何学。重靠轻的作用来保持其地位——例如,重的土就是靠火的作用而悬吊在半中央——轻也依附于重,正如火依附于土那样。永恒的智慧在布置这些事物时,使用了一种精确得无法描述的比例。一切事物的度量者预见到一种元素会要求先于另一元素而存在,这样,水就应当以相同的比例轻于土,正如气轻于水、火轻于气那样。重量与大小也将这样地相吻合,而容器总要比被装在里面的东西占有更大的空间。上帝使一种元素与另一种元素如此密切地联系着,使一种元素必然地居于另一种元素之中。正如柏拉图所说,大地就像是某种巨大的动物一样,它的骨头是石头,血管是河流,毛发是树木;在这些大地的毛发中生活的动物就像在野兽毛发中看到的虫虱一样。

土之于火就像世界之于上帝,并且,火在对于土的关系中表现出许多与上帝相似的地方。火的力量是不受限制的,火看起来是全能的,渗透一切的,启迪开蒙的,明察毫末的,再者,它还借助于气与水而使诸事物定型。一切由土所生的事物好像没有一个事物不是借助于火的这种或那种作为才得到存在,并且,事物形式的多种多样,似乎是反映了火的光辉变幻无穷。不过,火是弥漫于诸事物之中的,没有诸事物火也不能存在,如没有火,土生的事物也不能存在。但只有上帝绝对地存在。因此,古时候他就被称为绝对消融性的火,称为绝对荣耀的上帝,上帝就是光,在他之中绝无黑暗。[①] 一切事物都各按它们的限度力求分得上帝的光明和炽热的素质;就如我们在诸星辰中所看到的那样,它们在物质的局限性内表现出上帝的光辉。这个同一光辉一遍又一遍地分化着、探索着,并在那些过着思想生活的人中受到非物质性的局限。

谁能避免赞美这位巧匠呢,他在众天球和诸星体之间、在广阔的星际空间,运用这样的技巧,毫无间断地,在那最广阔的多样化中取得最高度的统一性,在单独一个世界中如此称量出并调整好众星体的巨大体积、位置和运动,如此细致地安排好它们之间的距

① 见《新约·约翰一书》,第1章第5节。——译者

离,使得每一星体范域(如果有的话)和宇宙(如果它是连续的话),都必须刚好是这个样子而不是别的样子。上帝赐给每一星体它自己的光辉,它自己的影响力,它自己的形状、色彩和热量。这种热量伴随着它的光华,并分担着它施于其他事物的影响。最后,上帝在每一个星体之中,在每一部分与另一部分之间作了这样的调整,并规定了适当比例,使得每一部分中都有保全整体的各部分的运动,在重的部分中向下朝着中心,在较轻的部分中离中心向上,与围绕中心的恒常运动结合在一起;所以我们可以看到每一星体都只是顺着自己的轨道而运行。

在这一种赞美不完的高度多样性的各种事物中,有学识的无知已教导我们,绝不要希望去刺探上帝的一切作品的道理,而只是赞美;因为主是伟大的,而且他的伟大是没有止境的。他是绝对的极大,而且是他的一切作品的作者和理解者,正如他也就是它们全体的目的,因为一切都在他之内,在他之外没有任何东西。他是一切事物的开端、当中和终结,是一切存在物的中心和圆周,并且,在一切事物之中,只有他是被寻求的;因为离开了他,一切事物就什么也不是。只是因为有了上帝,我们才有了一切事物,因为他乃是一切。认识了他,我们就认识了一切,因为他乃是一切事物的真理。出于他的旨意,宇宙的广大而令人仰慕的设计引导我们赞美他。但是,我们愈是接受对我们自己的赞美,我们对上帝的真正赞美就愈加变得昏聩盲目。因为他要求每一颗心都应当只为寻求他而尽一切努力。上帝居于不可及的光之中,而正是这个光为一切所普遍渴慕。因此,他正是那位能够给叩门的人开门,给寻求者得着的人。在一切存在的被造之物中,没有一个有能力对叩门者显示他自己，并如其所是地展现他自己——因为没有那在一切事物之中的上帝，被造之物就什么都不是。但对任何人在有学识的无知之中询问它们是什么，或者它们是怎样的，或者它们是为什么目的的，一切事物就必然要回答说："我们什么也回答不出，除了什么也不是以外，我们没有答复可以给你，因为我们甚至不知道我们是什么；只有上帝从他的智慧知道，我们是他所要、所吩咐，并知道我们所是的东西。我们全都是哑巴，他乃是那位在一切事物中说话的。只有那位造我们的上帝知道我们是什么、我们是怎样的，以及我们是为什么目的的。如果你想知道有关我们的任何事情，就向我们的缘由和造因去探询，而不要向我们探询。在那里，您所探询的虽只有一位，但您将找到一切事物。除了在上帝之中，你也绝不可能找到您自己。"

我们有学识的无知说："因此，起来，到上帝中去找寻您自己吧。那么，由于在他里面的一切事物就是他自身，您就不会再缺少什么。探索那不可及的光不是我们力所能及的。是上帝的恩赐使得我们把我们的脸转向着他，并以热忱的渴慕去寻求他。当我们这样做了，上帝在他的博爱中不会丢弃我们，反而要把他自己显示给我们；当他的荣耀显现时，便将永恒地满足我们。愿他永受祝福。"

卷　三

前　言

关于宇宙的限定性我们已作了这么许多讨论，就为了我们可以用有学识的无知来探究那同时既是绝对又是限定的极大，即永受赞美的耶稣基督，以增强我们的信仰和完善性。让我们尽可能简洁地向你那可敬佩的关注进一步阐明关于耶稣的思考吧。我们祈求那就是真理的上帝充当我们通向他的道路，使我们可以通过信心，结出果实，被他造就成活在他的里面，而他本身乃是永恒的生命。

第一章　那无法超过的极大，即使只限定在这个或那个类或种以内，也只能存在于绝对之中

在第一卷中已经说明，一个不可言说，并且绝不能被缩影化或压倒的绝对的极大，永恒地、平稳地、固定地自己持续着。在第二部分中说明了我们称作宇宙的那个缩影化的实体，因为复多性的事物仅仅在受到限制的情况下才有希望存在。极大的"一"绝对地

处于其自身之中；宇宙的"一"则处于那被称为复多性的限制之中。诸事物的复多性，宇宙在其中得到其实际限制，永不能包含最高的等同性；因为如果是那样的话，它就不再是复多的了。诸事物必须按类、种和数来加以区分，或者按种和数，或者只按数来区分；这样每一事物可以安居于它自己的数量、重量和度量之中。所以，一切事物分作不同的程度，没有任何两个事物可能绝对互相重合。

没有一个有限的事物可能与另一事物共同受到恰正同一程度的限制；各事物必然会超过或者不及各个另一事物。所以，一切有限事物的地位都以这样的方式位处极大和极小之间，即在任何一点上都能再加上一个程度较大或较小的限制。但是，这一过程不会继续到无限；程度是不可能无限多的，因为，假定有一个现实的无穷数的程度并不比假定根本没有程度更为合理；就像我们在第一卷中对于数所说明的那样。所以，在有限的事物中，不可能上升到绝对的极大或者下降到绝对的极小。上帝的本性，即绝对极大，不可能减缩为一个有限的和被限定的事物；一个被限定的事物也不能削去一切限制，并变成绝对的极大。

因此，由于有限的事物能够受到进一步的限制或者减少限制，所以没有一个有限事物可能达到宇宙的边际，或者一个类或一个种的边际。整个宇宙的第一个总限制被分成众多的类，由这些类又产生进一步的分化。而类实际上只存在于它们的种里，种只存在于它们的个体中；只有这些个体最后才具有具体的存在。因为寻求各个个体的性质只容许在它们种的范围内来进行，所以，反过来说，也没有一个个体能够希望伸展到类和宇宙的最大幅度；在同一个种的许多个体之中必定会看到各种不同程度的完善性。换句话说，在一个特定的种中没有一个个体能如此地十全十美，以至于不可能再有更高的完善性，也没有一个个体是这样的一无是处，以至于排除了更加不完善的可能。没有什么事物伸展到了它的种的极端边际。

种、类和宇宙只有一个界限，而它就是万物的中心，圆周和接合。宇宙并不竭尽上帝无限而绝对极大的能力，并不像某些单纯极大那样给上帝的能力加上一种限制。所以，宇宙并没有达到绝对伟大的界限，就像类达不到宇宙界限，种达不到类的界限，或个体达不到种的界限一样。结果就是万物都以尽可能好的方式存在于极大和极小之间，并以上帝作为万物总体以及其每个成员的开端、当中和终结，这样，万物无论是上升或下降或趋向于中心，就都可以接近上帝。所以万物在其无穷多种多样中都可以联结到一起来，是由于上帝在它们全体之间建立了联结。所以，在限定这个统一宇宙的各个类别之间，有着这种使它们在中央相遇的较高和较低类别之间的纽带，而在不同种别之间的联结则是这样的，即某一类别的最高种别同紧挨着的上一类别的最低种别相密合，从而形成统一的宇宙和完善的连续性。

种与种之间的联结纽带是一种有不同程度的事物，极大则永不能达到，因那就是上帝。所以，不同类别的种别之间不是由一个不可分割的、不容许再大些或再小些的第三类别来联结的，而是由那样一个第三类别来联结的，这个类别中的各个个体从一个种别逐渐变化到另一个种别，然而又没有一个个体作为这两个种别的一个复合体相等地分有这两个种别性质。个体倒是按照它自己的个别程度分有它自己种别的性质，这样，同其他个体并列时，它看起来就像是较高种和较低种的一个复合体——可是绝不会是双方等量的复合体，因为，没有一个复合体能够由恰正等量的两种成分所形成。当它处于两个种别之间正当中时，在它的结构中总有一个种别（较高的或较低的种别）必然会占优势。这类例子在哲学家的著作中，在牡蛎、海贝和其他事物中都可以找到。

因此，没有一个种别下降得如此之低，以至于成为某一特定类别的极小，因为当它达到那个极小以前，它已经变成另外一个种别了；上升的种别也同样如此，在它们成为这个类别的极大之前，也都变成另外的种别了。当人种在动物类中，力求在各种赋有感觉的存在物中间达到一个高超地位时，它便被卷入了具有一种悟性性质的新关系之中；但是，较低的部分仍然占上风，就是因为这个理由，它仍然被叫做动物。非常可能还有其他一些精神体存在——我在《猜想篇》中提到了他们——他们广义地也列入动物类中，因为他们具有一种会有一些感性的性质。但是，因为在他们之中，精神的性质占上风，所以他们被称为精神体，而不是称为动物，虽然，柏拉图学派的哲学家们把它们看作悟性的动物。这样，物种必须被看成是具有这样一种性质，即它有一个循序渐进的必然是有限的数目，使得秩序、和谐和比例可以刻画出物种内被造之物品种繁多的特点，就像我们在第一卷中所指出的那样。我们不论是往下数到最低类的最低种，即在实际上没有比它更小的了，或是往上数到最高类的最高种，同样比它更大或更高的种事实上也找不到了——虽然在不假定有一个跨入无限的进展之下，更小与更大才是不可能的——我们都必须从绝对的“一”即上帝出发，这样我们的出发点就可以是万物的本原。当我们从那就是极大的极小向前移动时，或者从并不与极小相对立的极大向前移动时，我们一路上看到的许许多多的种就同我们遇到的数目一样。在宇宙中，没有一样事物不享有某种不同其他事物分享的独有特性。没有一样东西能压倒万物中的一切，而使万物的差异都转变为相同，因为在任何两件事物中都绝不可能存在完全的相同。如果，在一个时候一个事物比另一个事物小，而在另一时候又比另一个事物大，在整个变化过程中，它都保持自己的独有特性，这样它就从来没有经历过一个恰正与另一物相等的时刻。一个内接于圆的四边形可以逐渐增长到外切于这个圆，那就是，从小于一个圆的四边形到大于这个圆的四边形，始终不会有瞬息时间与圆的面积恰正相同。一个入射角可以从一个小于直角的角变成大于直角的角，却始终不会有瞬息时间取得与直角相等的正中度数。还有许多这类事物将在《猜想篇》中陈述。

个体化的本原并不以恰正相同的和谐比例同样地在两件事物中遇到；每一个本原都意味着一个"一"，并且就其性质而言是完善的。在每个种别内，例如，在人种内，有些个体又被看成比其他个体更完全、更优秀，像所罗门在智慧上，押沙龙在英俊上，参孙在气力上胜过他人；而那些在心智能力方面超越其同伴们的人都被认为应受特别尊重。虽然有这一切情况，各种不同的宗教、派别和乡土还有观点的不同，又造成比较上的不同标准，所以，在这里值得赞扬的东西，也许在那里是讨厌的。因此，既然连仅仅只对一个这类受尊敬的对象作出个透彻的研究都不可能，对整个世界更大数量的这类人物又完全无所知，那么，要宣布任何一个人高过于全人类所有其他的人，就完全超出我们能力之外了。

这是一个上帝的安排。为了使每一个人，虽然仰慕别人，也满足于他自己同胞们的举止，他自己的本乡语言和自己家乡的一切其他东西，并在生养他的土地上找到某些对他特别亲爱的东西。在这样的一种精神基础上就会生长出就这里尘世间所可能有的，没有嫉妒的统一与和平。因为，这种统一只能充分存在于和上帝一同掌权的人们中间，而上帝乃是超越一切理解之上的我们的和平。

第二章　既是有限的又是绝对的极大，同时是造物主和被造之物

已经充分表明，宇宙的多重性是它的限制，由于有这种多重性，那么它的任何一个部分就绝不可能达到单纯的极大。我要再补充说，极大如可能缩影化为一个实际存在的种，根据那个缩影，这个极大就实际上会是那个类或种有能力变成的一切。绝对的极大是一切可能的存在的实现，因此也是绝对地无限的。缩影化为类和种的极大，同样地就是那个特定缩影的一切可能完善性的实现，并且，这个缩影的更大的完善性既然是不可设想的，那么，它正是包含了那个特定缩影的每种性质的无限。极小同绝对极大相重合；缩影化的极小同缩影化的极大也相重合。

关于这个问题的最清楚例证可以在极大的线中找到。极大的线没有对立物；它包含一切形体，并且相等于它所能包含的一切形体；并且，如我们在第一卷中已说明了的，点也与它相重合。所以，如果任何事物能够呈现为某一特定种别的极大有限个体，那么，这

事物必然是那一类别或种别的完备形态，作为方式、形式、理由和真理都具有那个种别的一切可能个体的充分完善性。这样一个缩影化的极大，作为在那个限度以内一切性质的终极，并在它自身中包括那个限度内的一切完善性，那就会超越一切比例地同任何特定个体保持最高的等同性，既不大于也不小于任何个体，但是在它的完备性中又包含一切事物的完善性。

从这里可以清楚看到，这样一个缩影化的极大不能作为一个纯粹的缩影化事物而存在，因为我们已经指明，没有任何事物能够在缩影状态中达到这样的充分完善性。这样一种缩影也不能是上帝，因他是绝对不能被限定的。它必须是处于一种限制状态中的极大，就是说，它既是上帝又是被造之物，既是绝对的又是被限定的，并且是这样一个，由于受到一种限制，只能通过绝对极大的自存而自存。像我们在第一卷中所说明的，因为，只有一个这样的极大者，在其中一个有限的事物能够被称作极大。如果极大的权力能通过可以继续保持双方的本性最紧密的结合，把限制与它自身结合起来——限制作为缩影化的被造之物的种的全部实现也被保全了下来——那么，由于这种位格的结合，它就既是上帝又是万物，这样一种可赞美的结合是超越于我们一切理解的。把它设想为不同性质事物之间的一种结合就会是对它的错误理解。绝对的极大不能被设想为异样的事物和不同的事物，因为它是一切事物。把它设想为一度分开着的两个事物而现在结合了起来，也会是一种误解。因为神圣的存在同过去和将来都没有关系，它也并不较多是这件事物而较少是那件事物；那有限的事物在结合之前也并不能像一个个别的人自存于他自身中那样地被描绘成这位或那位。这种结合也不能被描绘为分开的部分结合成一个整体，因为上帝绝不能是任何东西的部分。任何人也是不可以把这个最可赞美的结合想成是形式和质料的一种结合，因为绝对的上帝不能同质料混在一起，或给质料以形式。

这种结合应是高于一切理解的结合，因为在这里有限的事物——因为它也是一个极大——只能自存于绝对的极大本身之中，可是它并未增加任何东西到它所在的那个东西中去，因为那个东西本身就是绝对的极大；它也不可能变为具有那个极大的性质，因为它本身是有限的。在这里这个有限者必须这样自存于极大之中，即如果我们把它设想为上帝，那我们就是自欺，因为有限的事物不可能改变自己的性质。如果我们把它想象为被造之物，我们又错了，因为绝对的极大，即上帝，不会抛弃他自己的性质。最后，如果我们把它设想为二者的复合体，我们就再次陷入错误，因为在上帝和被造之物间，在有限的事物和绝对的极大之间形成一个复合体是不可能的。我们必须把这样的一个存在物设想为同时既是上帝又是被造之物，是被造之物兼造物主——造物主兼被造之物两者，并不互相复合而又互相交混。谁能被提高到能设想杂多在统一之中而统一又在杂多之中那么高呢？所以，这样的一种结合就要超越于一切理解之上。

第三章　人性并且只有人性特别适合于成为这种极大

缩影化的极大本身的性质应该是什么，根据我们前面的说明，这个问题就可以轻而易举地得到解决。这样的一种极大必然是统一的，因为绝对的极大是绝对的“一”；同时，它又被限定为这个或那个。现在，事物的秩序清楚地呈现，某些事物按其本性是卑下的，比如说没有生命和智能，某些事物按其本性是优越的，因为有智能，有些则介于这两者之间。所以，如果绝对的极大是一切事物的最普遍存在；并不只是某一事物的存在而非另一事物的存在，很清楚，那种分得最大量事物之性质的存在物就更能够同极大相结合。

试想如果一个本性卑下的事物被提高到极大，会发生什么情况。它就会既是神又是它自身。让我们以一条极大的线为例。那条线在绝对的无限中是无限的，并由于它必须与极大相结合而又是极大的；它以其极大性而是神，又以其限定性而是一条线。这就是一条线所能成为的一切。但是，一条线既不包含生命也不包含智能：这意思就是说，一条线即使能够达到极大本身，可是仍还缺乏高过于它的各种性质！它将会是缺乏某些完善性的极大；它还能够变得更大！

关于不包含任何较卑下性质的最高性质，我们必须作出同样的宣告：因为较卑下之物和较优越之物的结合比分开着的两者的任何一个都更大一些。现在，它既与极大相当——极小与它相重合——那么，它与一个事物相结合，就并不排斥另一个事物，反而是把它全都包括在内。因此，只有在较卑下和较优越之物之间作为联系纽带的中间性质，才最为适合于受到极大而无限的上帝权能来提高。它在其自身中包含着一切性质，包括较卑下之物中的最高性质，和较优越之物中的最低性质；所以，如果它同包括在它之中的一切东西一同上升去与极大相结合，很明白，在它之中一切性质和整个宇宙就都按照它们的每一可能方式而接触那个最高者本身。

现在，人性被提高得高过于上帝的一切创造物之上，而只比天使稍低一点。它在其自身中包含了悟性的和感性的性质，所以，由于在其自身中包含了万物，便被古人非常合理地称为小宇宙或微型世界。因此，它就是这样的一种性质，即既被提升到与极大相结合，就会作为宇宙及其中每个个体的最丰富的完善性而展现它自己，所以，在这个人性本身之中，万物都会达到它们的最高水平。但是，人性除了在个体的有限存在中之外并没有实际的存在。所以，多于一个实际的人升上去与极大相结合就一定是不可能的；这个人毫无疑问地一定会既是人同样又是神，既是神同样又是人，他是万物的完善性，并在万物之中占有首位。在他里面，就性质中最小的事物、最大的事物以及两者之间的一切事物都会在一种同绝对极大相结合的性质里互相重合到一起，从而在他里面形成万物的完善性；而万物在它们的限制以内，得以安息于他里面也就是安息于它们的完善性中。这个人的尺寸也就是天使的尺寸，并且是每一个天使的尺寸，好像圣约翰在《启示录》(第二十一章第十七节)中所说的那样，因为他通过他同那作为万物之绝对实体的绝对者相结合，就会是每个被造之物的普遍缩影化实体。万物从他那里会得到它们限制的开端和终结。由于他是限定以内的极大，万物通过他从绝对极大出来而进入其有限存在，并通过他又回归到极大。因为他是它们出发的最初开端，也是它们回归的最后终结。

上帝是万物存在的源泉或原因，他是一切的创造者，而一切都是为着他而造的。人类的本性便要与创造万物的这个最高的、极大的和绝对的力量结合起来。结果，上帝既然是万物存在的绝对后盾力量，他自己就会由于这个得来的人性而在那个人类中成为处于限定性中的一切事物。因此，这个人，由于他要借着同全部存在的最高等同者本身相结合而自存，就要成为上帝的儿子，并成为万物借以被造出来的"道"，即一切存在的同等者本身；并且，如前面已说明过的，这就是对上帝之子的称呼。但是，他并不就此不再是人的儿子，也并不就此不再是人，这在下面将要说明。

上帝不对他的性质作任何改变、降低或减少就能做成这些事，是在随便哪一方面都同那最卓越和最完满的上帝没有不相容之处的。如果万物是以最卓越最绝对完善的式样由他创造并为他而造，且处于同他那无所再可改善的完善性相称的秩序中，这毋宁说是同他的无限善良相适合的。可是，事实并不是这样，而且，除非否认上帝本身或完善性本身，没有人能够合理地否认，万物还可以更加完善些。上帝既是至善的，其作品不可能包含缺点，我们就必须把每一个恶意批评离开他抛得远远的。由于他是极大，他的作品，就其在被造之物中生来就是可能的而言，也接近极大。但是，极大的能力全部都只由它自己并在自己身上使用完了，在它之外已丝毫不剩，而且它又是无限的。所以，没有一个被造之物，不论它是怎样一个任意特定被造之物，这个无限能力都不可能在其中被耗尽到如此之地步，以至于这个无限能力不能造一个更好些和更完善些的东西了。但是，如果有一个人以这样的式样而被提升到与这个能力相结合，即成为不是自存于他自身之中，而是自存于同这个无限能力的结合之中，那么，这个能力就并不以被造之物为其终极，乃是以其自身为终极。这里就是无限的和取之不尽、用之不竭的、永远不会失误的上帝极大能力之最完善活动所在之处。因为如果能失误，那就根本既没有造物主也没有被造之物了。因为，被造之物是某种从上帝的存在中来而受到限制的东西，如果正是这个限制不能同上帝相结合，这个被造之物怎么还能存在呢？通过这个被造之物，从绝对者而来的万物才得以存在。它们在它们的限制以内是来自于他的，它们的限制以最密切的结合而同他相结合。因此，居于首位的是造物主上帝，其次是那既是上帝又是人的那个，他的被造的人性已被接纳到同上帝的最大可能之亲密结合中，并且，它作为万物的普遍限制而与万物存在的绝对后盾力在本体上和位格上结合起来了；所以他可以借着最绝对的上帝，通过普遍的限制，即人性，而存在。在第三位上，万物都处于它们的有限存在之中，这样，它们便处于本来还可以更好一些的顺序和样子之中。

可是，这种顺序绝不能看成是时间上的顺序，好像上帝是在时间上先于第一个创造物，或者好像这第一个创造物；即既是神又是人的那个，在时间上先于世界。这毋宁是一种从性质上和完善性上来说都超越时间的顺序，这样，那位超于时间和在万物之前与上帝一同存在的，便在时日完满时，经过了许多世代循环之后，显现于世界。

第四章　这个存在物便是那永受祝福的，既是神又是人的耶稣

我们已到达了这样一点，在此可以充分地信赖我们所作的推

导，毫不犹豫地认定，我们所陈述的结论是严格地正确的。现在我们要补充说，那永受祝福的耶稣，随着期满时刻的到来，便是全部创造中的第一个创造物。

在他的尘世生活中，他做出超乎尘世力量的奇迹，他所说的一切总是真实的，他肯定了某些涉及他自己的事；而且，那些伴随过他的人都作出同样的见证，并以他们的血加上印记。所以，我们有理由以毫不动摇的坚定性来确认那些实在是早已由驳不倒的论据所证实了的，即他乃是整个创造从一开始就等候其来临的那位，而且他自己就已借着他的先知们预言了他在世界上的显现。他的来临是为了应验一切的事。他作为一位对万物具有权柄者而凭其旨意恢复一切病人的健康，他揭示了隐蔽的东西和智慧的奥秘，他像一位神一样地免除人的罪，叫死人复活，改变自然，指挥鬼魔、海洋和风，在水面上行走，还赐给人们一条乃是一切律法的完全体现的律法。正如杰出的真理宣讲者保罗在一次魂游像外中得到天上的启示而见证的那样，我们在耶稣里面得到了每一种完满性，"救赎和赦罪；他是那不能看见的上帝的形象，是在一切被造之物中首生的，因为万物都是靠他造的，无论是天上的、地上的、能看见的、不能看见的，或是有位的、主治的、执政的、掌权的，一概都是借着他造的，又是他所造的。他在万物之前，万物也靠他而立。他也是教会全体之首，他是元始，是从死里首先复生的，使他可以在万事上居首位；因为上帝喜欢叫一切的丰盛在他里面居住，并借着他叫万物都与自己和好。"

说实在的，这样的见证，以及圣徒们的许多别的见证都给我们提供了这样的意思，即他既是神又是人。在他那里，人性本身同神性本身中的"道"结合在一起，这样，人性不是自存于其自身之中，而是自存于神性之中。因此，人性只有在圣子的神圣位格中，才能居于完全的丰盛之中。

为了使我们可以超越我们一切悟性领会，也可说是在有学识的无知中，逐渐认识把人与他自身结合起来的这个位格，让我们提高我们的心智，思考下面的问题：

正如我们已经指明的那样，上帝在万物之中，贯通于万物之中，而万物也都完全在上帝里面。现在这两个方面，即上帝既在万物之中，万物又在上帝之中，必须放在一起来看，并与这一事实即神的本性是最为等同性和单纯的，结合起来看。因此，就他在万物之中来说，上帝不是按程度或者按一种特定的传送量而存在于那里；同时，由于这些事物无法避免处于各种不同的程度之中，它们是以自己天生的不同程度而在上帝之中的。上帝在万物里面，万物在上帝里面，上帝并不丝毫改变绝对创造能力而在那里与耶稣的极大人性统一；在他里面，极大的人只有以极大的方式才能够存在。耶稣就是这样地成为上帝的绝对创造能力，并且，在他里面，也就是在那中间位格的圣子里面，永恒的圣父和圣灵都居于其内。万物都在"道"里面；在那个强有力地包容一切可造之体于其内的最高最完满的人性之中，万物都存在着，使全部丰盛都可容纳在他里面。

通过下面的例证，就可以把心智慢慢地引导到对这些事情的理解上去：

感性知识是一种局限性的知识；感性只认识到个体，同感性知识相比较，作为认识一般的知识的悟性知识，是绝对的，并且是从特殊事物的局限性中抽象出来的。在不同的动物中感觉有着不同敏锐程度之分,按照这一点它们被划分在尊贵程度和完满程度的不同等级里。我们已经说明,作为动物类中最高种的人种,不可能升高到纯粹最高的程度;然而,感觉在这里是以这样的式样来行动的,即这种动物也是一种悟性的存在物。因为人就在于他的悟性。在人来说,感性的局限性在某种意义上是潜在于悟性性质之中的。而后者是一种抽象的和与前者分开着的神圣事物,感性则按照其性质继续保持着暂时性和可朽坏性。

这为我们现在在思考耶稣的问题中提供了某种类比(虽然不很切近)。在他里面,人性潜在于神性之中,因为如果不是这样它就不可能以其极大的丰盛而存在。耶稣的悟性虽然在存在中是最完善的,也只能以其位格潜在于神圣的悟性之中,而只有这神圣的悟性才现实地是一切事物。人的悟性潜在地是万物,并且一步步地从潜在成长为行动,这样它越是成长,它的潜在性就越少。但是,极大的悟性,即在实际上是每个悟性禀赋的潜在性的充分限度,除非它也就是那万物之中的一切的上帝,不然就不可能存在。这就好像,在一个圆内画出的一个多角形是人性,而圆则是神性。如果多角形要成为极大的多角形,即再也没有比它更大的多角形可能存在了,它绝不可能还是带着那些有限的角独自存在,而只能以一个圆形形体而存在。因此,它不会有一个甚至只在悟性上可以与永恒的圆形形体分得开的,属于它自身特有的存在方式的形体。

人性的极大完善性必须在那些实质的和本质的东西中去寻求,在肉体机能所服务的悟性中去寻求。所以,极大完善的人不需要在偶性中成为杰出的，而只要在悟性上成为杰出的。不要求他是一个大汉或者一个矮子，或具有这种或那种身材、肤色、体型或其他偶性。唯一必要的是他的肉体要避免极端，能成为他的悟性禀赋的最合用的工具，它能毫不反抗地服从，毫无怨言，也不困倦。我们的耶稣，即使在他的尘世生活中，智慧和知识的珍宝也在他里面隐藏着，就如黑暗中的一点亮光那样，为了成全那个最杰出悟性禀赋的目的，他为人确信是具有一个合用的和最完美的肉体的，关于这些他的尘世生活中的神圣同伴们已作了见证。

第五章　基督是由圣灵感孕由童贞女马利亚所生

必须进一步思考这个最完善的人类禀性，现在是借着"道"的自存而自存的，它怎么一点也没有超过它的种别限度，而它只是完善性顶点上的一个有限禀性。同类生同类，所以被生出来者要从生它出来的那里得到相似的禀性。但是，对于无限界的限界来说，既不能有限制也不能有比较。因为这个理由，那极大的人就不可能以自然的方式被生出来，然而，那个以他为终极和完成的种，到底还必须有某种开端。所以，他的出生便部分地承继着人类的禀性，因为他是一个人。然而，由于他没有因果关系，而仅仅只同一个本原具有一种最高的渊源关系，而他同那个本原是直接相结合的，那个本原，造出他或生出他的，乃是他的父，即其根源的直接来由；这里人性的本原只作为一个被动的本原而提供接受性的质料。因此，他是由一个没有雄性种子的母亲生出来的。

每件行动都源出于某种精神和爱而把生动的因素同被动的因素结合起来，就像我们在前面某处已经说明了的那样。因此，那超过一切自然比例的极大行动，创造主就是通过它同被造之物结合起来的，它就一定是从那最高的结合之爱所产生的，就是说，是从即是爱本身的圣灵产生的。只借着圣灵，不经过任何有限媒介的帮助，圣母便能够在人的种别范围以内孕育上帝之子。这样，圣父，他借着圣灵从无中塑造出万有，它们都通过圣灵从非存在达到存在，现在，圣父通过这同样一位至圣的圣灵达到这个目的，完成一件最完美的工作。

举一个实例可以帮助我们的无知。当某位最杰出的教师要展示自己的思想，为了把他心里的真理灌输给他的学生时，他费心给那个思想披上声音的服饰；思想除了处于感性装束中外，是无法传达的。这位教师的自然精神把气流塑造成一种可听的形态以适应思想；说出来的言语活在思想中，当它落到人们的耳朵时，它便再现出思想。

这是一个小小的比喻，但它的确有助于使我们在默想中提升到高出我们的天然理解力之上。永恒的父怜悯我们的软弱无能，他要向我们展示他的儿子，那就是永恒的“道”，是他的荣耀和至善的财宝，以及他的知识和智慧的丰藏。他看到，只有在一种感性形式之中，并且在一位同我们自己相似者之中，我们才可能把握到真理，他就作出了一个适合于我们能力的启示，他借着与他自己同质的圣灵，把他的儿子披上人类禀性的服饰。而这位圣灵，作为通过人所呼出的气流而形成的一句话，从纯洁而丰饶的童女血液中塑造出了一个动物的肉体，加上理性，使他可以成为一个人，并且把圣父上帝的"道"同这个人内在地结合起来，使"道"成为那个人类禀性的自存的正中心。这不是在几个阶段上完成的，不像我们人类处于时间程序中的怀孕所发生的那样，而是在瞬息之间，无时间地和遵照一个与无限权能结合为一的旨意而一下子完成的。

没有人能怀疑这位充满这样的美德，并有提供这样质料的特权的母亲，在每种精神的完善性方面都超过一切其他的童女，并被赐予比所有其他生养众多的母亲有更加丰满的祝福。为了从所有各方面来准备这个独一的和最卓越的童女的分娩，她必须不遭受足以妨碍一次如此卓越分娩的纯洁、健壮和完整的一切事物。因为，除非具备最为精选的童贞性，她便不可能不要雄性种子而完成童女怀孕。如果不是她本身受到上帝最神圣最高度的祝福，她就绝不能为圣灵提供工作场所，在其中圣灵为上帝的儿子塑造出了一个肉身。如果她在这次生产之后就不再继续保持为一个童女了，她就不可能是为这次生育供应一个充分完善的母性生育力的发源地，而只能供应一个同别人分享的和减弱的，配不上这样一位圣子的绝顶独特性的生育力发源地。那么，由于这位最神圣的童贞女把自己全部交托给上帝，并使圣灵的作为得到她最丰裕的生育力的完全配合，在她那里便保全了她的童贞，在生育之前，生育之中和生育之后都保持纯洁，超越了一切普通的自然生育而未遭损坏。

所以，既是神又是人的耶稣基督，是从一位永恒的父亲和一位时间性的母亲，即那最光荣的童贞女马利亚而诞生的；从一位是存在的极大和绝对完满的父亲，从一位具有最丰盛的童女生育力，时期一满，便充分受到最高的祝福的母亲而生。他只有在时间中才可能成为一个由一位母亲，一位童贞女所生的人；他也只有在永恒中，才可能为圣父所生。但是，他的时间性诞生要求在时间的范畴内具备最完满的完善性，就像它要求他的母亲具备最丰盛的生育力那样。

因此，由于一个人只能在时间中诞生，当期满到来的时候，他就在一个极为恰当的时间和地点出生，但对一切被造之物完全隐蔽着。因为对于常人经验来说，上帝的天命是屹立于一切比例之外的。由此，任何理性能用来理解这些天命的迹象一点也没有，虽然在某种最奥秘的先知灵感中已经产生缠裹在人类比拟之中的种种晦暗提示，聪明的人们根据这些提示可以运用一种演绎程式而预测期满时候的“道成肉身”。但是，只有永恒的圣父预见到准确的时间、地点和方式；于是他使之实现了，在深夜，当深沉的寂静笼罩着万有的时候，圣子要从天宫下降到童贞女的子宫里，并在最适当的规定时间里以一个奴仆的形式向世界呈现他自己。

第六章　耶稣之死的奥秘

在这里插入一篇简短的枝节话，以澄清前面所说的东西，并使我们能够更容易地叙述十字架的奥秘，不会是不适当的。毫无疑问，一个人是由感性和悟性所构成的，有一种推理能力把两者连接起来。它们的次序是感性从属于理性，理性从属于悟性。悟性自身不属于时间和空间，而是全然不受它们的影响，而感性则完全依赖于时间和空间的信息。理性似乎是处于与悟性相同的水平面上，但与感性构成一个角度，使得那些在时间中的东西以及那些在时间之外的东西,可以在那里重合。

诸感官是动物性的,它们完全无能理解精神的和时间之外的东西。动物不了解上帝的事情,因为上帝是一个精神并且不只是一个精神。所以,感性知识对永恒事物说来是处于晦暗无知之中,它忙于对付肉体和处于情欲力下的肉体欲念,以及处于怒气权势下的嫌恶性阻障。理性由于它分有悟性的性质而性质较为高尚,它被赋予某些规则,用以抑制激情和欲念,并把它们消解到比较平静的地步,以免人把他的整个欲望都放到感性事物上去,而丧失悟性的精神抱负。一切律法中首要的就是已所不欲,勿施于人;因为永恒的事物应该比暂时的事物居先,纯洁而神圣的东西高于不纯洁而易逝的东西:为了抗衡那些对理性犯罪的人,最神圣的立法者们根据理性本身所制定,并根据不同的时间和地点而宣布的那些律法,全都配合着这一目的。

在一个更高的水平上,悟性认识到,即使当感性通过弃绝对它是如此自然的情感以服从理性时,人仍然不可能依靠他自己来达到他的悟性的永恒渴望的目的。因为人是由亚当的种子借着肉欲的乐趣而生出的,这一乐趣在繁殖行为中战胜了精神。所以,他那原来就植根于肉欲乐趣的本性——因为人是通过这种快乐而源出于其双亲的——仍旧完全无力超越暂时的事物以抓住精神的事物。所以,如果肉欲快乐的重量拖住了理性和悟性,使之同意不抵抗这些活动,那么很清楚,这个人就因此背离了上帝而被剥夺向上的永恒的和精神的至善享受。另外,如果理性控制了感性,更紧要的是悟性控制住了理性,并处在超乎理性而形成的信仰中,一个人就会归附于那位中保,并由上帝圣父吸引到荣耀中去。从来还没有一个人能够靠自己超出他自己并超出从自己出生时起就如此从属于肉欲的自己的本性，并且，如此解脱了之后，上升到永恒的和天上的事物之中，这只有从天上降下来的耶稣基督。他也是依靠他自己的权能而升天的，因为他里面的那个并非出于肉体旨意乃是出于上帝旨意而生出来的人类禀性，并不妨碍他最有能力地飞向自己的天父上帝。

那么，在基督里，人类禀性本身通过与上帝的结合便被提升到具有最高权能，并且摆脱了时间的和向下拉的欲念重量。我们的主基督情愿受苦，并在受苦中，洗净他自己肉身中所有那些把我们拖向尘世的罪过，不是为了他自己，因为他没有犯过罪，而是为了我们；他是为了使一切与他具有同样人类禀性的人都可以在他里面找到他们罪业的完全净化。作为人的基督在十字架上自愿的和最无辜的，最耻辱的和最残忍的死是人类禀性的一切欲望的消除、满足和净化。在爱他的邻舍上对于人类禀性说来可能做的一切，在甚至能为敌人而死的基督的完全仁爱之中最慷慨地实行而突出地表现出来。

这样，基督耶稣的人性便作为赎价而为万人的缺陷作了抵偿。这个人性，是极大的人性，包括人这个种别的全部力量，是每一个人的存在的直接源泉，比他的弟兄或最亲密的朋友所能做得到的，都更贴近他。因为，极大限度的人类禀性是这样行动的，这使得在每一个凭着制定的信仰而跟从他的人中，基督便是与他完全地结合那个人，同时，这个人的个别性则仍旧保持不变。在这里也就藏着基督自己那句话中的真理："凡你们在我弟兄中最小的一个身上所做，就是做在我身上了。"反过来，凡是基督在他的受难中立为功德的事，那些与他结合为一的人们也都在这些事上立有功德——这是按照与凭着在仁爱中所形成的信仰而和他结合的不同程度相关的功德程度而不同的。因此，虔信者们在他里面受割礼，在他里面领洗礼，他们在他里面死，他们在他里面经过复活又重新得到生命而又活起来，最后，在他里面，他们都与上帝在荣耀中结合。这样，我们称义不是凭着我们自己，而是凭着基督。他是全部丰盛，所以，如果我们有了他，我们就有了一切。凭着制定的信仰，我们在今生属于他；凭着信仰，我们得能称义，如我们将在后面更详细地说到的那样。这就是十字架和我们的救赎不可言说的奥秘，在其中，在我们所已经接触到的东西以外，基督还指引我们必须选择比暂时性的今生更有价值的真理、正义和神圣的美德，作为永恒的东西，在消逝和灭亡到来之前加以选取。最高的坚贞、勇敢、仁爱和谦卑要在最完善的人的心中居留，因为基督之死显示出所有这些美德都以极大的程度呈现于极大的耶稣里面。这样，一个人在这些不朽美德中升得越高，他就与基督越相似。在这里，极大和极小相重合：极大的屈辱与高升，正直人最蒙羞耻的死亡与最荣耀的生命；其余一切也一样，所有这些，都在基督的生命、受难和被钉在十字架上无所遮盖地向我们展现出来。

第七章　复活的奥秘

基督作为必死的和会遭受苦难的人，只有当他的必死部分具有了永生不死性，他才能达到圣父的荣耀，圣父乃是绝对的生命，是永生不死本身。而这只有通过死才能达到。而且，除了剪除掉他的必死性，必死的人又怎能具有永生不死性呢？还有，除了偿还死亡的债，死亡怎能被勾销呢？真理本身已经宣告，那些不懂得基督必须死，并这样进入他的荣耀的人是心思愚笨而迟钝的。

我们早已说明，基督为了我们而死于一个最残酷的死。现在还要说，人类的禀性除了靠着战胜死亡以外，没有其他路途可以引向永生不死的胜利是适当的，他就忍受了这个死亡，为的是使人类的禀性可以同他一起上升到永恒的生命，使动物性和肉体能成为精神的和不朽的东西。作为真正的人，他一定必须是必死的，他也不能把必死的本性带到永生不死中去，只有靠着以死来打碎必死性。

"一粒麦子若不是落在地里死了，就仍旧是一粒；若是死了，就结出许多子粒来。"当他这样说时，真理本身是多么美好地谆谆宣讲这种必然性啊。如果基督始终保持为必死的，即使他还一直没有死，他怎么可能把永生不死给予人类呢？虽然还没有死，他却会继续是尚未死去的必死者。所以，如果他得结出丰盛的果实，被高举起来，他可以吸引万物来归附他自己，那么他要通过死而从死亡的可能性中被解脱出来是必需的；因为他的权能不仅管辖一个能朽坏的世界和大地，还管辖到一个不能朽坏的天堂。

如果我们记性上面所说的，我们的无知就可以对这个问题取得某些理解。因为我们在那里已指明，极大的人耶稣不可能离开神性而在他自身中保有一个位格性的自存，因为他是最大的。由于这个理由，在（我们所说的）基督里允许有不同属性之间的互相转换，人性事物也在他里面同神性事物相重合。因为他的人性是同他的神性不能分割的，确实处于同它最为密切的结合之中；它好像笼罩在和被吞没到神性之中了，那就不能具有独立的位格存在。一个人由最密切结合的肉体和灵魂所组成，而这种结合的破坏就是死亡。所以，人性的极大限度，其存在是一个神性位格的存在，当称为死亡的肉体和精神分离时，不管是它的肉体或灵魂都不能够同这个神性位格分离，因为没有这个神性的位格，基督这个人就没有存在。

因此，基督并不以他的位格瓦解的方式而死去。在死亡中，并不发生离开他的人性植根于其中的中心的位置分离，他始终在位格上保持着与神性结合。低级禀性(指基督的人性。——译者)可能发生灵魂和肉体的分离，它在时间和位置的意义上是有过那种分离的，所以在死亡时肉体和灵魂在时间上和位置上分离了。但是他的肉体和灵魂都不可能朽坏，因为这两者都已同永恒相结合了。那在时间中产生的东西是会发生时间上的死亡和分离的，但是，当那时间上的复合体完成了它回到分解的循环时，并当肉体这时已从时间的制约中解脱出来时，他的真正人性，即那没有时间性的人性，仍不可朽坏地继续同神性相结合，并把他本质性的真正肉体和灵魂重新结合起来。那曾在时间中出现过的这个真正的人的晦暗形象消逝了，而那从一切受苦的性能中解脱了出来的真正的人就会复活。这同一个耶稣，现在免除了时间性的变化，注定不会再死了，现在借着灵魂和肉体的重新结合而最真实地复活了，现在并且活在时间性的变化之外了。只有借着这种肉体和灵魂的结合，真正不可朽坏的人性才能在位格上同那神性位格结合，并不使两种禀性相混淆。

让基督所说的关于麦粒的例子来解救我们的无知和笨拙吧。

麦粒在数目上朽坏了，而特定的本质仍然保持完整，因为其本性将依靠后者而长出许多子粒来。如果这麦粒是极大的和最完善的，它死在最优质和肥沃的土壤里，它就不是只会长出一百倍或一千倍的子粒，而是长出包含在那个种别整个本性之内的全部可能性。这就是当他说会长出许多子粒来时，真理所说的话；众多或大量，都是有限的，但是没有数目。要更严密地来思考它，耶稣的人性，恰正在这个关于其人性是在基督这个人里面缩影化了的想法中，必须认为它在这同一瞬间就与神性结合在一起。作为是同神性结合着的，它乃是绝对的；作为那个具体的人，基督，它又是有限的，即通过他的人性他可以是一个人。这样，耶稣的人性就好像是介于纯粹的绝对和纯粹的有限之间的中间状态。因此只有在某些方面，我们可以称它为可朽坏的；在其本身，并脱离了特殊的情况，它就是不可朽坏的。在它被缩影化于其中的时间中介内，它是可朽坏的；但是，脱离了时间的约束，并且超出了时间，并同神性结合在一起，它就是不可朽坏的。

缩影化于时间之中的真理有如超时间真理的一个记号和形象。关于缩影化于时间之中的肉体的真理，有如关于超时间之肉体的真理的影子；而关于缩影化的灵魂之真理有如脱离时间约束的灵魂的影子；当灵魂处于时间中时，这个灵魂便显得较像感性和理性而较不像悟性；在尘世中，它没有形象便不能够领会。但是，当它脱离了时间的约束，悟性就从对形象的需要中解脱出来。因为耶稣的人性是从天上来的，它不可分割地植根于神性的不朽之中，在可朽坏的时间的终点，灵魂和肉体的解决只能在不可朽性的那个根基方面作出。所以，在时间运动的终结——那个终结就是死——当一切只在其时间性方面属于人类禀性真理的事物除去之后,同一个耶稣就复活了,不是以一个具有体重和可朽性的肉身,以及质地晦暗、易逝,属于时间的复合体的肉身而复活,而是以一个真实的、光荣的、不逝的、活跃的和不死的肉身而复活,正如消除了时间条件的真理所需要。人类禀性同神性的位格结合的真理断然需要这种结合。永受祝福的耶稣必须从死里复活,正如他自己所说:"基督必这样受害,并于第三天从死里复活。"

第八章　升天的死里复活的初熟果实基督

从上面的论述中就很容易明白,基督是死里复活的首生者,在他之前,没有一个人能从死里复活,因为处于时间中的人类禀性还从来没有达到极大,或是说还从来没有像在基督里那样地同不可朽坏性以及永生不死结合起来。在此之前所有人都没有这个权柄,直等他来到并说:"我有权柄将命舍去,也有权柄把它再取回来。"因此,在基督里,人类的禀性就具有永生不死性;他乃是长眠的人中的首生者。

所有的人只共有一个不可分割的人性和特定本质,凭着它,所有个别的人都是在数值上互不相同的人。这同一个人性,既是基督的人性也是一切人的人性,各个个人之间在数值上的差别仍保持不受混淆。因此很清楚,所有一切人的人性,不论在时间顺序上先于或后于基督而生,都在基督里取得永生不死性。所以我们可以明白地作出结论:——基督复活了:所以所有的人都将复活,那时所有可朽坏的时间迁流都将停止,并将永远不可朽坏。但是,虽然只有一个所有人的人性,也有各种各样个别化的本原,这些本原把那个人性缩影化到这个或那个主体中去;只有在耶稣基督里,这些本原是最完善和最有权柄的,并且最接近于那个同神性相结合的本质人性。基督借着他的人性能够凭靠自己的权柄从死里复活:而这个权柄是从神性那里到他的人性里来的,这就是为什么说是上帝使他从死里复活的。他既是神又是人,他依靠自己的权柄复活,除了他以外,没有谁可以像基督一样复活,除非靠那也就是上帝的基督的力量。

那么,正是借着基督的人类禀性,我们的人类禀性才取得永生不死性,并且借着他,我们将像他一样超越时间而复活……这将是在世界末日,当我们出生和沉浸于其中的运动将停止的时候。基督,他由母亲生出来,只是时间性的,他不必等到时间的完全流逝就复活了;因为时间并没有包括他的诞生在内。我们看到那个禀性已经在基督里取得了永生不死性;所以,不论是义人和恶人,我们将来全都要复活,但不是所有的人都会借着那由基督将我们化为他的义子的荣耀而得到改变。一切人确实都要借着基督而复活,但不是都像他,并借着结合而进入他里面;最后的这些人将只有那些凭着信心、希望和仁爱而属于基督的人。

如果我没有弄错,现在你就会看到,没有哪一种把人们引向最后和最所渴望之平安终点的完善的宗教,不信仰基督是中保和救主,既是神又是人,是道路、生命和真理的,看看撒拉森人所犯的愚妄轻信是什么吧,他们信仰基督是最伟大最完善的人,由一位童贞女所生,并且被带入天堂,但他们否认他是神。他们真是瞎了眼睛,因为他们肯定不可能的事情。从上面所说的,对于每个有悟性的人来说那一定比光还清楚明白些，没有一个既是万物中是最完善的并且是极大的人又能够超乎自然地由童贞女所生。除非他也是神。只是这些人是基督十字架的愚妄迫害者并对他的奥秘一无所知。他们将尝不到神圣的救赎之果，的确，按照他们的律法，他们并不寻求它；因为他们的律法除了放纵情欲外并未许诺什么别的。我们则盼望在基督的死中打碎这种欲望；我们渴慕占有不朽的荣耀。

犹太人也像这些人一样，相信弥赛亚是极大的、最完善的和不会死的人，但是，他们被固定在同样的恶魔一般的盲目之中，否认他是神。他们也绝不期待享受上帝的至高福分，如基督的仆人们所盼望的那样；他们也不会得到它。但是，使我更感奇怪的是，犹太人和撒拉森人都相信将来要有一个普遍的复活，但是，又都看不到只有依靠一位也就是神的人才能办到。确实，可以竭力主张，当繁殖和朽坏的运动结束时，没有一个复活，宇宙就不能有完善性。人的禀性是宇宙的一个基本元素，没有它，宇宙就既不会是完善的，甚至也不成其为一个宇宙，因此，如果时间停止了，那么，如果整个宇宙不是必须毁灭，人就必须复活而进入不朽。也可以竭力主张，在人里面，一切中间体的禀性都已完备，其他动物就无需复活了，因为人乃是它们的完善形式。并且，可以进一步认为，复活是必须的，那么健全的人可以从一个公义的上帝那里按照他的行为而得到相应的赏赐。但是，除了这一切以外，最要紧的是一定要信仰基督，他既是神又是人，人类的禀性只有依靠他才能达到不朽。

所以，所有那些相信复活，却不相信只有基督能够使复活成为可能的人们都是瞎了眼的。相信复活就像上面所说的，实际上乃是肯定基督的神性和人性，肯定他的死和复活，肯定他是那从死里复活的首生者。他复活，便可以通过上升天堂而进入荣耀。我不得不断定说，这个升天必定是一个超出一切必朽运动和一切天球影响的行动。作为上帝，他是无所不在的，但是他同那个地方联系得更密切一些，那里永远没有任何变化、苦难、悲哀等等这类在属于时间的东西中可以找得到的事情。我们必须断定，这个永远快乐和平安的地方是高于天球之上的，虽然它作为一个地方，乃是既不能设想，也不能描绘，甚至也不能给它作出解说的。

他是悟性性质的圆心和圆周，既然悟性包容一切，他就高于一切，但是，他就像在自己的圣殿中那样安息，在神圣的理性灵魂和悟性精神之中，那就是宣告他的荣耀的天球。我们就这样可以设想基督已去过远远高过一切空间和时间之上，高于能说到的一切的他那不可朽的宫邸中，由于他上升到高于所有天球之上，所以它便会完成万事。作为上帝，他是万有中的一切；因为他是真理本身，所以，他统治天球中的那些悟性体；然而，并非就位置来说，即不是处于圆周上，而是处于他所坐的圆心上，因为他作为是它们的生命，是一切理性灵体的中心。因此，他自己就肯定过，这个天国也在人们的心里，因为他对于灵魂来说乃是生命的源泉，也是它们的最后目的。

第九章　那审判活人和死人的基督

有哪个审判者会比就是公义本身的他更为公正呢？基督，所有有理性的被造之物的源头，他本身就是那极大的理性，一切理性都是从这个源头流出的。现在，理性的职司是执行分辨善恶之审判。这样，他正当地作为活人和死人的审判者，便同一切有理性的被造之物获得了理性的人类禀性，并且始终继续保持是上帝，他乃是所有的人的酬赏者。因为他包容万物，是那极大的人，并且由于他就是上帝，万物就都在他以内，所以，他超乎一切时间地本着自己并在自己心中判断万事。作为上帝，他是无限的光，在其中毫无黑暗，这光照亮了万物，这样万物便都在这光中对光充分显露出来。并且这无限悟性的光在其无时间性中包容过去的东西也包容现在的东西，包容死者也包容活人——就像物体的光是一切颜色的本体那样。基督就像那最纯粹的火一样无法同光分开，不是自存于其自身，而是自存于光里面。他是那生命和理解力之灵火，而把万物都消融在和包容在他自身之中，这样来证明、审察和裁判万事，就像那对所有东西进行彻底探察的物质的火所作出的鉴定那样。所有有理性的灵体都在他里面受到审判，就像一切可以经受燃烧的物质东西那样。某种这样的东西整个都转化成了火的那个形象；就像最好的和最纯的金始终是金子，然而被如此猛烈地燃烧，似乎已不再是金而只是火了。其他一些物质如不纯的银或者黄铜或者铁承受不了这样强烈的热度，虽然它们各按其本身的程度也都好像是转化成了火。现在这个鉴别只是由火来作出的，而不是由各种不同的物质作出来的。因为每一件包在火焰中的东西都只知道最强的热，而不知道它所承受得了的特定热度。当我们在非常炽热的火中观察熔化的金或银或铜时，它们向白热形式的变形，使得我们不可能区别这些金属。但是，如果火本身是有心智的，它就会了解每种金属的纯度，并按照每种金属的本性来调整其炽烈程度。

某些可燃物质能在火中保持不可毁坏，并在不同炽烈度中，由于它们变成与火一模一样而能放出光和热来。其他一些物质由于它们的不纯，它们也可以加热，但仍达不到像光一样的白热。我们的审判者基督在一次最单纯和专一的审判中，在一瞬间最公正地和全无忌刻之心地，按照性质上的次序而不是按照时间的次序，向每一个人传授被造理性的热，使他可以把上帝的智能之光注入那个理性，使得上帝成为万物中的一切，万物也通过这位中保本身而在上帝里面，并使一切都按照它们的能力所许可成长到他的高度。但是，因为有些人更加单纯和纯一，他们就既能接受热也能接受光，其他一些人也以某种程度接受热，却不接受光；所有这一切都取决于接受者的能力。

由于那无限的光是永恒和真理本身，那渴望得到上帝启发的有理性的被造之物就不可违抗地必须上升到超出于那些尘世的和必朽的事物，并转向那些真实和永恒的事物。肉体的东西和灵性的东西不同地行动。身体的生长力把从外部接受来的养分变成受养育的被造物的性质；不是生命转化到面包里去，而是面包转化到生命里去。可是有悟性的灵体其行动是超时间性的，可以说是在一个永恒的水平上，当他转向永恒的事物时，并不能把这些永恒的事物转化到他自身中去。因为他自己是不朽的，他也不可能被转化到它们里面而不再是一个有悟性的实质。但他能够以这样一种方式而转化到它们里面去，像是被吸收到一种同永恒东西相似的样子中去，不过，这只是以不同程度完成的。他越是热诚地专心于它们，他就越是充分地和深刻地被那些永恒事物所完善化，他的存在也就越是深刻地隐没到永恒的存在之中。于是，基督不单单只是不死而已。他永远活着，并且，他就是生命和真理。凡归依他的人就是归依生命和真理，他越是热切地这样做，他就越被提升得是超出于世俗的和必朽的事物，而转向永恒的事物，直到他的生命隐没到基督里面去。美德是永恒的，公义一直持续到永永远远；真理也是这样。凡是归依美德的人，就行走在基督的道路上，这乃是纯洁和永生不死之路。美德是神圣的光华。所以，凡在今生凭着信仰而归依就是美德的基督的人，将来就得以从这个暂时的生命中解脱出来，并将存在于精神的纯洁之中，这样他就可以进入永恒占有的快乐。

当一个人凭着信仰以其心智的全部力量归依那最纯洁的永恒真理，就把其他一切都撇弃于背后，而只选择这个真理为热爱的对象并热爱它，这样，他的心灵就确实有了一个转变。这个转变，凭着最可靠的信仰而转向真理即基督，就意味着撇弃世界，并胜利地把它踩在脚下。用最热诚的爱去爱他就是在心灵的运动中走向他的历程；他不仅是可热爱的，而且他是仁爱本身。当一个灵体迈着爱的脚步走向仁爱本身时，它就渗透到仁爱中，这不是任何时间性的运动，而是以完全超出时间的和一切时间性运动的方式进行的。

每个爱着的人沉浸于爱中：所有爱真理的人也都沉浸于基督里。正如每个爱着的人用爱去热爱那样，所有爱真理的人也都在基督中热爱真理。所以，除非基督的灵在他里面，没有谁认识真理。正如一个爱着的人没有爱是不可能的，同样任何人没有基督的灵也不可能得到上帝，因为我们只有在他的灵里面才能敬拜上帝。所以，不归依基督，不能得到那使人转化的荣耀之光的不信的人，已经受到审判和定罪而被交到黑暗和死的阴影中去了；他们背离了就是基督的生命。因为所有的人仅仅依赖他的丰盛，才充满了同基督结合的荣耀。关于这个，当我们谈到也是以他为基础而建立的教会时，我还将为我们的安慰而提出一些想法。

第十章 审判者的判决

很清楚，没有一个必死的凡人能够理解那次审判和那位审判者的判决。这是一场处于一切时间和运动之外的审判和判决；它的进行不是通过对正反两方理由的权衡，不是通过同类的案例，也不通过那些要有拖延的开庭和延期的讨论和评议。一切事物都借着“道”而被造成，——因为，上帝说话，事物就被造出来了——一切事物也都本着这个自身就是理性的“道”而受到审判。在审判和执行判决之间也将没有任何间隙。复活、最后的决定，被上帝接受为儿子的荣耀，对背离他的灵魂处以永罚和弃绝，所有这一切都将在一瞬间完成。

一个悟性体总是超越时间的，并且不受时间的朽坏，因为，它按本性就把不朽的形式包容在其自身中了。例如，数学的抽象就是这样的——甚至自然事物也是如此，心智把这些事物埋藏在它自身之中，并且随时会把它们转化为抽象或精神的实在。所有这些都对我们指明了心智本身的不朽性，因为不朽的东西的居所和天然容器本身一定也是不可朽坏的。那么，这个悟性有一种朝向最抽象真理的自然运动，这真理正是悟性的一切愿望的目的，是它的最终的和最喜欢的对象。而这个最终的对象就在万物之中，因为它就是上帝；并且，那永生不死的和永不朽坏的人类悟性体在达到上帝之前是不会满足的，因为它只在得到了一个永恒的对象之后才满足。

但是，如果悟性从肉体（在这肉体内它曾受到时间的支配）中被解脱出来之后并不去达到它所渴望的目的，而是陷入无知之中；如果它曾是为真理而被造出来的，并被造成具有最深切的渴望，不是在阴影和表面之中去寻找真理，而是确实地和面对面地寻找真理的，可是，现在它却在其结算的时刻背弃了真理而转向可朽坏的东西，追寻一些必朽的欲求，这就可以正确地说是堕入了悟性的死亡。因为现在它在可能性的黑暗混沌之中为不确定和错乱的，其中根本没有坚实的现实性的东西奔忙。悟性的功能乃是认识存在，这种知识是它的生命。因此，由于最终认识那稳固的、永恒的、被渴望的对象乃是它的生命，所以，它同那个永不改变的被渴望的东西相分离，并被抛入那个混乱的深渊本身中，在那里，将以某种可能的方式永远受到火的折磨，那就是它的永恒死亡。它的受苦方式，我们只能理解为好像是被剥夺了真理和健康所不可或缺的养料，同时丧失了获得它们的一切希望，因而，永无休止地和永无终结地永远在临死挣扎中。

这是一种痛苦得超出一切想象的痛苦的生存，因为它是活着的死，是在虚无中的存在，是比无知更空虚的知识。上面已经说明了，人类的复活是高出运动、时间、数量和所有其他受时间支配的东西之上的升高。在这里，必朽的东西变成不可朽坏的东西，动物性的东西变成了精神性的东西，整个的人变成精神性的他的悟性，而他的肉体(仍然是一个真正的身体)则被吸收进精神之中。肉体不再处于它自身之中,即在它的躯体的和数量的度量之中,而是埋藏在精神里面——这个过程同我们在这里的情况恰正相反,在这里,悟性是看不见的,看得见的只有肉体,悟性好像是被囚禁在这肉体里一样。但是,在那里,肉体在精神之中,就像在这儿精神是在身体中那样;并且,在那里精神使身体变轻,就像在这儿肉体把灵魂往下压一样。因此,正如悟性生命的精神快乐在那里是最强烈的,在其中那荣耀化了的肉体也分享这种快乐,同样,精神灭亡的那个地狱里的悲惨也是最可怕的,而那居于灵魂之中的肉体也分担这种悲惨。我们的上帝,当他被人所领悟的时候他本身就是永恒的生命并是超越一切悟性所能领悟的。所以,那些永恒的快乐,超乎一切的理解力,比迄今为止一切言辞可能传达的快乐还要更大。

被处永刑者的受苦同样地也超出了一切可想象的或可描绘的受苦。教父们以世间的曲调与和谐为类比而给我们提出的关于这些快乐、幸福和荣耀的提示,用我们所认识的事物作成线索来比喻永恒生命的未知快乐,只是离开真实情况无限遥远的,对于那没有什么想象能够描绘得出的精神美好的一些晦暗的感性提示而已。同样地,他们把地狱的受苦比作硫黄火、沥青和其他感性的痛苦,也由这些类比描绘得非常模糊,因为这些受苦是激烈的精神上的临死挣扎;但愿我们永受祝福的主耶稣基督,我们的生命和拯救,肯屈尊垂怜我们,保护我们免受这一切痛苦。阿门。

第十一章　信心的奥秘

我们的古代作者们一致断定信仰是一切理解的根基。在每一种科学里，如果要理解一个主题，就必须把某些东西作为它的根本原理；而这些根本假定只能以信仰为基础。谁要想获得知识，首先就必须相信那些缺了它们知识就不可能的东西。以赛亚说："除非你相信，你就不会理解。"因此，信仰包容每一个可领会的东西。理解就是把那些裹藏在信仰之中的东西打开来。所以，才智受信仰支配；信仰由理解加以扩展。如果没有坚实的信仰，那就没有真正的理解。从错误的原理和薄弱的根据所得出来的各种结论一定是错误的；另一方面，没有任何信仰比那以真理本身即耶稣为基础的信仰更加完善。

每个人都知道，一个正确的信仰是上帝所给予的最美好的恩赐。使徒约翰告诉我们，对上帝的道成肉身的信仰把我们引向真理，使我们可以成为上帝的儿子。他首先简单地提出这个信仰，然后，才叙述许多符合这种信仰的基督的业绩，使才智可以从信仰中得到启发。最后，他提出结论说："这些事被记载下来是为了使你们相信耶稣是上帝的儿子。"

现在，这种对基督最健全的信仰在单纯性上不断地增强之后，就能够在我们所接受的关于无知的学说中被扩大和展开了。上帝的最伟大、最深藏的奥秘，即使对聪明人隐蔽着，却能对那些靠着他们对耶稣的信仰而生活在世界上的小人物们和卑微的人们显示出来：因为在耶稣里面隐藏着智慧和知识的所有财宝，所以如果没有他就没有人能有任何作为。因为他就是上帝的“道”和上帝借以创造世界的权柄，只有至高的他具有那超出天上地上一切东西的权柄。在这个世界的结构之内他是不可能被了解的。这里我们由理性、意见或教义指引着，从借助于信条而知道得较多的方面向那知道得较少的方面前进；其实他只有在运动停息而代之以信仰时才能被了解。借着这种信仰我们就被带进超出一切理性和才智之上的单纯性，而到最纯净而单纯的悟性之第三重天上；我们之所以可以在肉体中超脱肉体地沉思到他，是因为在精神中，并在尘世间以一种完全非尘世的方式，更应说是以一种天上的和不可理解的方式去沉思，从而我们就看到他是不可能被理解的，因为他是至善至美的。这就是那个有学识的无知——凭着这种有学识的无知，蒙福的保罗本人就曾被提升得高些，并进入到更密切认识之中，才感知到他曾一度相识的基督，其实他从来并未真正认识他。

于是，我们这些信仰基督的人都在有学识的无知之中被带领到那座山前，即基督之前，那原是我们的动物禀性被禁止接触的。当我们企图用心智的眼睛凝视他时，我们就堕人黑暗之中，并知道这山就在那个黑暗之中，在那里，他乐于为所有那些过着一种精神生活的人而居于其内。但是，如果我们在信仰日益更加坚定的恒久性中逐渐接近他，我们就从那些靠感性东西生活的人的眼睛前被撤离，而用内心的听觉来感知至圣的说话声和雷鸣，以及各种可怕的征兆。我们得到恩赐而认识到，独有他是万物所服从的主。于是一步步地甚至接近到他的某些不朽的足迹（就如接近最神圣的符号那样），在这当中，我们听到的不是必死的被造之物的声音，而是上帝自己通过他神圣的器官和通过他的先知和圣徒们所发出的声音，我们就像在一朵质地更加透明的云中更清楚地感知他。

在这点上，怀着更热诚的希望永远向上移动的信徒就被带进悟性的单纯性之中，并跃出于一切感性事物之上；就好像是从沉睡过渡到了清醒一样，并从听见过渡到了看见，那里有一些不能启示的东西被看到了，因为它们超出必死的凡人一贯以来听到过的一切东西并超出凡人讲到过的一切言语。因为，如果这些启示曾被传述过，那么，不可言说的东西就会以人类的言语构成，超越一切听觉的事就都会落入人类的耳中了；因为在那里所看见的东西都是超越必死之人的视觉的。因为在那里有并不理解而被听到并超越一切言语的、永受祝福的耶稣，他是一切理解的终点，因为他就是真理；他是一切感觉的终点，因为他就是生命；他是一切存在体的终结，因为他就是存在本身；他是创造的完成，因为他既是神又是人。一切言语都来源于他，并且一切都必须回到他那里去，因为一切言语中真实的东西都是从他那里来的。因为一切言语是为了教诲人们的，所以它必须属于他，他就是智慧本身。“从前所写的，都是为教训我们而写的。”书写只是具有持久形式的说话，“诸世界是借着上帝的话而造成的。”因此，一切被创造的文字都是上帝的“道”或“话”的代表。说出来的话代表心智的道；而这不朽的“道”就是理性；它乃是基督本身，是一切道理的化为肉身的理性；因为“道”化成了肉体。所以，耶稣乃是万物的终结。

对那凭信仰而上升到基督的人来说，这些事情变得逐渐清楚起来了。现在这种信仰的神圣效力是无法解释的；因为，如果它是强有力的，它就使信徒同耶稣结合起来，因而使他升高到超出一切不同耶稣结合的人之上。因为，如果这样一个人充分信仰他与之相结合的耶稣的权力，他就能对运动和自然产生一种权力，甚至能够叫恶魔听命于他，正如圣徒们的行动所经常证实的那样，把诸般奇迹做出来，但不是靠他自己做出来的，而是由基督在他里面并通过他而做出来的。

对基督的这种完全信仰应该是最纯粹的、最强烈的，并且是尽最大可能完完全全在仁爱中形成的。它不容许有任何混杂或不纯，因为这是处于最纯粹之真理中的能行万事的信心。在这本著作的进程中，我们极为经常地发现极小与极大完全重合。一种在现实中和可能性中是单纯的和纯粹的极大的信心就是这样；它不可能在一个尘世的存在物中看到，除非他同时也如耶稣那样是一个天上的存在物。如果一个尘世的灵魂希望在纯粹现实性中具有基督的极大信心，这种信心必定是这样一种毫无疑义的确知，它已不再是信心，而是在任何方面都绝无犹豫的确知。

这里就是全能的信心，它是极大和极小，并包容在他身上应予相信的一切，而他乃是真理本身。还有，如果一个人的信心没有达到另一个人的信心的程度，因为完全相等是不可能的——正像一个被大家看到了的东西对于几个不同的人来说不可能看得完全相同——那么最重要的仍是每个人都以他心中所具信心的最大力量来相信。因此，即使他与其他人相比之下显得他的信心仅仅只有一粒芥菜种子那么大，那个信心的力量却是如此之大，它连高山也能迫使它们服从；因为他凭着上帝的“道”的权柄来吩咐，他以他的度量凭着信心与上帝的“道”牢固地结合在一起；没有什么东西能够抵抗那种力量。

这种信心将借着基督的大能而成为你的悟性精神的力量，如果它超出万物地依附于他，受到他如此哺育，并通过结合而同他如此地成为一体，好像是自存于他的生命里一样——但它的个体性则始终保持不变。但是，如果这只有通过精神——它又带着感性一道——凭着最坚强的信心完全转向上帝才得以实现，那个信心本身就必须是在有结合力的仁爱中形成的。没有仁爱，完全的信心就是不可能的。每个活着的东西都热爱生命，每个悟性都热爱认识。那么，作为不死的生命本身和无限的真理的耶稣如何能只是被人相信却不被人以最热情的爱去爱呢？生命本身就是可爱的；所以，如果相信耶稣是永恒的生命，那就必然不可能不爱他。因为没有仁爱的信心就不是活的信心而是死的，并且最后终将完全不成其为信心。但是，仁爱是信心的形式，并且是给予信心以真实的存在的东西；它确实是毫不动摇的信心的表征。当你为了他的缘故而舍弃一切事物，当同他相比时肉体和灵魂本身都被看作为无足轻重时，那时你就取得了一种最有力的信仰的确证。

没有受惠于耶稣的神圣盼望，信心也就不能坚强有力。在一个并不盼望基督的应许的信心里，不会有什么确实性。如果一个人并不盼望得到基督所应许给予信徒们的永恒生命，那么能够说他信仰基督吗？能够说他把基督看作是真理吗？如果他对基督的应许没有一个不可动摇的希望，没有永生不死的希望，他怎么能为了基督而选择死亡呢？正是因为他认为基督不抛弃有望于他的人，并赋予他们永恒的福祉，才使信徒断定为基督而忍受一切是好的，并且以这样少的代价等待得到如此大的奖赏是值得的。

确实，信心的力量是伟大的，它按照基督的模型塑造一个人，使他能舍弃感性的事物，剥除自己肉体的沾染，在敬畏中走上主的道路，愉快地踏着基督的脚印跟随，甘心情愿地甚至于兴高采烈地背负起十字架。这样的一个人好像是存在于肉体中的精神（或灵体）；对他来说，为了基督的缘故，这个世界就是死亡，生命在于它的被挪开，那么，他才得以与基督在一起。基督为了他的信心而住在他心里的这个人，他是属于什么精神（或心灵）的呢？那件惊人的上帝恩赐是什么呢？它由于我们相信而把我们提高，虽然我们只是处于脆弱的肉体之中的可怜的朝圣者，我们却借着同他结合而被提高到具有这样的能力，超过基督以外的其他一切。让我们振作精神，这样，每个人凭靠每日的节制而热望逐步地升到与基督相结合的地步，甚至可能达到被吸收到他内部的深入结合。这样的一个人跃出于一切可见东西和世间事物之上，便达到了他的禀性的全部完善。

这里是肉体和罪恶都已摧毁的完善化了的禀性，我们可以达到向基督形象的转化了。某些巫师的那些神秘的法术远远不能达到它，他们声称一个人凭着信心可以被提高到同他所熟悉的一个精灵密切结合，并且借着精灵的力量能够在火中或水中行出奇迹来，借助有魔力的乐曲而引起奇怪的变形，或者揭示大自然最深奥的秘密。这很快就被人们识穿，在所有这些情况中，灵魂都是被勾引得远离了生命和真理。这些灵魂完全被这些黑暗的精灵所笼络，他们的信心见于行动，竟至焚香祝祷把只应献给上帝的崇敬献给这些精灵。他们用可憎的恭敬和许多咒文来进行这种崇拜，好像崇拜一个能够满足他们的请求的人一样。他们的信奉有的时候也的确满足了他们的世俗欲望，但是，他们同一个永远与基督分离的精灵相接近，他们将永受折磨。

人们赞美上帝，因为他借着他的儿子把我们从这种无知的黑暗中救赎出来，并且教导我们，除了从本身就是真理的基督那里来，从任何别的中介者而来的东西，除了从对耶稣的信仰而来的，从任何其他信仰向我们传来的东西不论是怎样产生的，都是假的和谎言。只有一位主耶稣，他是万物之主，他用所有各种祝福来充满我们，并且只有他给予我们的一切缺陷以非常富裕的满足。

第十二章　教会

教会的性质可以从上面所说的话中得出来，但是我将为它补充几句话，以完成我这本著作。

对于必需的信心以不同的程度进入并居留于不同的灵魂之中；没有人可以希望达到没有比之更大的极大信心，就像没有人能够达到极大的仁慈一样。如果没有比之更大的极大的信心寓于尘世的灵魂之中，那么就会立刻使他得以也见到至福的异象；因为任何种别的极大如果它是那个种别的最后终端，它也因此就是相邻的上一个种别的起点，所以，如果一个人不是同时也处于全知者的地位，他就全然不可能具有极大的信心。同样地，一个仁爱的人如果不是同时是被敬爱的上帝本身，也就不可能具有极大的仁慈。因此，极大程度的信心或仁慈，除了用以指耶稣基督以外，不可能用以指任何别人，耶稣基督既是过客同时又是全知者，既是爱人的人，又是被爱的神。在极大之中包含着万物，因为它包容一切。在耶稣基督的信心中包含着一切真实的信心，在他的仁慈中包含着一切真实的仁慈，各以特定的程度而存在。这些特定的程度处于极大之下和极小之上，一个人即使尽可能地具有对基督的极大的信心，也不可能达到那个极大的信心，足以把那既是神又是人的基督包含到自己里去。谁也不可能如此地热爱基督，以至于基督不可能更加被热爱了；因为，基督乃是爱和仁慈本身，因此，他是无限地可爱的。就是说，没有一个人不论在这个世界里或在将来的世界里，可能这样地热爱基督，以至于变成又是基督又是人。因此，不论是在尘世通过信仰和爱，或者在来世通过亲尝和包容，同基督相结合的一切人，都各以一种特定程度与他相结合，这种程度决定着结合的密切程度，没有一个人脱离这种结合而自存于自身中，这种结合也并不破坏各人的程度。

这种结合就是教会，把许多人集合为一体，如同把许多肢体按着各自的程度而集合成为一个躯体。每个肢体都不是另一个肢体，但是，每个肢体都同其他肢体共同成为一个躯体，这个躯体则把所有的肢体统一在一起。脱离了这个躯体，谁也不可能享有生命和存在，同时，谁也不能自称是躯体，除了他居于躯体之中。当我们在这尘世做旅客时，我们信仰的真理只能够自存于或继续存在于基督的精神里，同时，信徒们次序在协调中，即在同一位基督之中仍继续保持着高度的差异。当我们因死亡而离开战斗的教会后，我们只有依靠基督的力量才能复活，这样，在天上胜利的教会仍将是统一的，每个人都处在他自己的教阶位置中。此后，我们血肉的真理将不在于它自身而在于基督肉身的真理中，我们身体的真理将在于基督身体的真理中，我们精神的真理将在于耶稣基督的精神的真理中，就像葡萄树的枝子一样；这样在所有人中就将只有一个统一的人性，即基督的人性，在所有人的精神中也只有一个精神，即基督的精神，并且每个人都以在一切事物之中只有一位基督这样的方式寓于他里面。因此，在今世中接待属于基督的所有人中的一人，就是接待了基督，对属于基督的人中最小的一人所做的事情，就是对他做的。伤害了柏拉图的手就是伤害了柏拉图；如果一个脚被夹在最小的兽夹中，整个人也就被陷阱夹住了。在天国里无论为怎样小的事情而喜悦就是为耶稣而喜悦，并在万物中看到耶稣：因为由于他而上帝永受祝福，这样，上帝借着他的儿子而成为万物中的一切，并且每个肢体也都在他的儿子里面，并通过他而与上帝相结合，也同万物相结合，这种喜悦可以完全满足而没有嫉妒或任何缺陷。

当我们旅居于尘世时，我们的信心能够不断地增强，仁慈也同样如此。每个人确实都各处于这样的一个程度中，即在一个给定的时刻，和给定的他的禀性中，他就不会是处于另一个程度中；但当他处于一个程度中时它又潜在于另一程度中，即使他绝不潜在于基督的无限仁慈中。但是，我们必须靠着我们的主耶稣基督的恩惠，努力实现我们的全部可能性，并靠着就是信心和仁慈的主耶稣而从美德走向美德，从一个程度进到另一个程度。至于我们自己，作为我们自己，如果没有他我们就什么也不能做。但是，我们所能够做的一切，只能在他里面做，只有他能弥补我们的缺陷，这样，在复活的日子里，我们就可以成为他的完整的和高贵的肢体。我们用尽全力地相信和热爱，就能够充满信心地向他祈求这增加了的信心和仁慈的恩赐，在孜孜不倦的祷告中怀着极大的信赖而走近他的宝座。因为他是无限仁慈的和慈爱的，不允许任何人被他的神圣愿望所欺骗。

仔细思想这些事情的实际情况，你就会被一种恩赐的精神甜美充满而直到你的灵魂深处，并将在一种内在的滋味和最芬芳的香气中闻到上帝的不可表达的善良，这将由他传递过来供应你；当他的荣耀显出时，你将借助于此而得以满足。我重复一遍，你将得到满足，而没有餍饱的不快，因为这种不朽的食粮就是生命本身。由于生活的渴望永远不断地增加，所以生命的食粮也不断地在吃，但永不会变成分享者的本性。另外的食粮则会引起压迫胃部的不快，但并不给予不朽的生命，因为它缺乏不朽生命的本性并且在被食用后就变成食用者的本性。但是，我们心智的渴望靠着心智而活着，它不断地越来越进入生命和欢乐。但是，生命和欢乐是无限的；蒙福的人借助于热诚的渴望而重生于生命和欢乐之中。饮用了生命泉水的那些人感到满足而又仍然口渴；而且，由于这种饮用永不变成一件过去了的事情，因为它是永恒的，他们在饮用和口渴中都永远蒙福，那种口渴和它的满足都永远不会消失。

赞美上帝，他给予了我们一个不能为暂时的东西所满足的心智。它的渴望没有止境，它从它的渴望不能在时间中得到满足而认识到自己是超于一切时间之上的不死的东西。它感知到，除了在那绝不会失败的最优秀和最高的善良成果中，它就不能满足于所期望的悟性生活。对那种善良的享有绝不能成为过去的事情，因为欲求绝不能变得越来越小。可以提出一个关于肉体的例证，这正如一个饿汉坐在一个大王爷的餐桌上，供应给他的是他所渴望的一种食物，而这种食物的性质是愈吃得多食欲也就愈旺盛。如果这种食物永远吃不完，很清楚，在被填塞中，被喂食的人会继续渴望这种食物，并且被热切地引导到继续求取它。一种食物的力量如在于刺激吃的人以越来越大的渴望去求取它,人就会一直渴求这一种食物。悟性禀赋的力量就是这样的,它接纳生命在它自身之中,它就按它的转化力程度转化为那个生命。空气把太阳的射线吸收进自身中,它自身就变成了光。悟性变成它所了解的东西;但是它只了解普遍的和不朽的以及持久的事物,因为不朽的真理乃是它的目标;而且是它的本性把它推向这个目标的。而这个真理,它是在基督耶稣的永恒宁静和平中理解到的。

我们的上帝永远在其中受祝福的胜利的教会就是这样的。那里有真正的人耶稣,他在这样崇高的结合中与上帝的儿子相结合,使人性只有在神性之中才有存在的立足处:在这种不可说的本体性位格结合中,他的人性真理不可能承负一个比较深刻或更加单纯的结合而还继续存在。此外,如果每个理性的禀性在今生中以最深刻的信心、希望和仁慈而皈依基督,同时,每个个体的位格实在性继续保持完整无缺不被触动,所有的东西都这样与基督相结合,以至于一切天使和人,离开了他就不会存在。借着他,每个人身体的实在性都被自己特有的精神灵性引向上帝,并被吸收到上帝里面,所以,每个蒙福的人在他自己的存在的实在性未受触动之下,都会在基督里面,在耶稣基督本身里面,并通过他,上帝也在上帝里面,同时,上帝本身,继续保持为极大,也会在耶稣基督里面,在耶稣本身里面,于是通过他一切都在一切事物里面。

教会不可能通过别的途径而成为完全一体。因为教会意味着很多人的统一,同时保持每个个人的位格实在性,而不混淆各人的禀性或程度。教会越是一体化,它就越是伟大。但是,这种教会是处在其最大可能情况下的教会。那时的这个永远胜利的教会乃是最广大的教会，因为在它之中不可能想象还会有更大的结合了。深透地凝视这个结合吧，在那里，结合是绝对极大的和神圣的，在那里有神性和人性在耶稣中的统一，还有得胜的蒙福者的教会同耶稣的神性的统一。绝对的"一"本身也并不比耶稣的神性和人性之统一更大，不比天上蒙福者的统一更大。因为它是极大的统一，它是一切结合的结合，由于它是所有的结合，就既不收纳得太少也不收纳得太多，就像在第一卷中所说明的，它出自"一"及其等同者。各种禀性在基督里面的结合，也既不大于也不小于胜利的教会的统一，因为，作为不同禀性间的极大的结合，它在这个结合中所承受的既不更大也不更小。

因此，结合起来的一切杂多，正是从各种禀性在基督里面的那个极大的结合中取得它们的统一。通过这点，教会的统一就成了它所是的这个样子。但教会的统一是极大的基督教体系的统一。既为极大的统一，它与在它之上的基督身上神人二性的本体位格结合，是完全吻合相等的。并且，耶稣身上的二性结合同就是上帝的绝对的"一"也是重合相等的。这样，教会的统一，即其所属诸成员与它的结合，虽然似乎还不就像本体位格结合那样完善，它仅是二性中的一个，或者只是第一个神性的单纯性，其中不可能存在他物或杂多，不过，还是由耶稣把它化入了神性的"一"，它最初就是从这里取得它的复活的。如果我们回顾一下前面常常强调的东西，这将会更加明白。绝对的"一"就是圣灵。极大的本体位格结合同绝对的"一"是相重合的。从这一点推论出，在基督里面的二性结合是借着绝对，也就是圣灵来完成的，并且仅仅存在于绝对之中。像我们已经说明了的，教会的统一与本体位格结合相重合；因此，在耶稣的精神里，也就是在圣灵里，有着天上得胜众圣徒的灵魂的结合。正如真理本身通过圣约翰所说的那样：“你所赐给我的荣耀，我已赐给他们；使他们成为一体，像我们成为一体一样。我在他们里面，你在我里面，使他们完完全全地成为一体。”因此，在永恒的平安之中的教会，将是如此之完善，以至不可能更加完善了，并且如此转化为荣耀光辉，以至只有上帝显现于万物之中。我们渴望着这个具有如此大爱和胜利的教会，以哀告的心恳求圣父上帝本身，借着他的儿子我们的主耶稣基督，并借着在他里面的圣灵，把这种结合赐给蒙受他的大爱的我们，使我们可以永远享有他，他就是永受祝福的上帝——阿门。

作者给红衣主教朱丽安阁下的信

尊敬的教父，现在请接受我长时间以来通过各种研究途径所寻求获得的东西。然而，我循海路从希腊回来之前，一直没有获得成果，到我回航时才得到启示，我相信那是由众光之父而来的一个最高恩赐，而每一个完美的恩赐都是从他而来的，我在那无知的学问中受到引导，把握了那不可理解的东西；我之所以能够做到这点，不是靠理解，而是靠超越于理性所能达到的那些永恒真理之上。同那就是真理的上帝相结合，我现在已在这几卷书中提出了这个就是无知的学问，这几卷书也可以根据同一个来源加以缩减或扩充。

在这些最深奥的问题中，我们人类智能的每一努力都应该集中于取得那种单纯性，在其中各种矛盾都可得到和解；这就是第一卷的讨论范围。从那个观点出发,第二卷遵循着比哲学家们通常所走的道路更高的一条路,并且对宇宙作了一些演绎,许多人会觉得这些演绎是不寻常的。现在,我终于完成了论述永受祝福的耶稣的第三卷。在这卷中,我总是从同一原理出发,并且借信心的增强,我已稳步地增长了对主耶稣的认识和热爱。任何信仰基督的人都不能否认,在这种做法中,他对基督的渴慕会变得更加强烈,因此在长时间的祷告和默想以后,他就明白了那最甘美的耶稣正是他的热爱的一个适当对象,并欣然抛弃一切别的东西去拥抱他,他就是真正的生命和永恒的喜悦。对于这样亲近耶稣的人来说,万事都是可信的。没有什么圣经文句能使他感到困惑,这个世界也不能,因为这个世界已经由于居于其间的基督之灵而转化为耶稣了;而他乃是悟性所渴望的目的。因此,请你,虔诚的教父,认真地和不断地为我祈祷上帝,使我们可以在永恒中一同享有他。

1440 年 2 月 12 日完稿于库萨

译 后 记

库萨的尼古拉(Nicholas Cusanus 1401—1464)生于摩塞尔的库萨地方,所以被称为库萨的尼古拉。他出生于富有的船主家庭,由于他的父亲很严厉,因此从小离开家庭,由一位伯爵把他抚养成人。尼古拉幼年时,这位伯爵就把他送入共同生活兄弟会学习。共同生活兄弟会是当时一个修道团体,由格罗特(1340—1384)与拉德文(1350—1400)创办,着重于增进宗教生活热情,但并不立刻从事宗教工作。尼古拉 1416 年进海德堡大学,1417 年转入巴杜亚大学,1423 年在巴杜亚大学得到教会法学博士学位。他曾从事法律工作,因办理诉讼失败,转而从事神学的研究与讲授。以后以红衣主教朱丽安的秘书而参加了 1431 年举行的巴塞尔宗教会议。从此以后,他一直为教廷服务,处理各地的宗教问题,从事已处于分裂状态的天主教廷的统一(当时天主教会存在罗马教廷与法国的天主教廷的分裂),并企图把东方教会与西方教会统一为一个天主教会。尼古拉在进行这些工作中于 1450 年受命任布里岑主教,在任时曾从事教会的改革。1464 年,他在为教廷奔走中死于波希米亚的托底地方。

尼古拉曾研究过法学、神学、哲学、数学。他的著作很多,最为人们熟知的是《天主教的协调》与这本《论有学识的无知》。前者是他在 1431 年参加巴塞尔宗教会议时所著,其目的在于强调一切事物有矛盾,但是可以协调,借以阐明宗教内部的矛盾是可以协调的。《论有学识的无知》是从认识论来说明这个问题,认为上帝是绝对的极大,宇宙是相对的极大,是绝对极大的上帝的"缩影",宇宙中的事物与宇宙整体是矛盾的,也是统一的,即极大与极小是统一的,一与多是统一的。本书以三卷论述这个问题,第一卷论上帝是绝对的极大,第二卷论宇宙是相对的极大,第三卷论基督教的一些神学问题。第一、二卷有一些泛神论思想,也有一些异端思想,但第三卷的神学观点与正统神学是一致的。

尼拉古的哲学来源于新柏拉图学派,有的研究者认为他的观点是新柏拉图学派、中世纪的新柏拉图主义与文艺复兴时期新柏拉图主义的连接点。他从艾克哈特的哲学中继承了对立面统一的思想,从伪狄阿尼修的著作中继承了否定神学的思想。但把这些思想融会成为一个泛神论体系则是他的贡献。

尼古拉是西方哲学史上的重要哲学家,他在对人类认识世界的哲学考察上作出了重要贡献。他的第一个贡献是,强调认识是从相对认识到绝对认识的一个过程。他把认识分为四个阶段,第一阶段是感性认识,这只能从感觉与想象产生混乱的印象;第二阶段是理智认识,是对事物的区别性认识,是有确定性的指称,是对事物的推理知识;第三个阶段是思辨的理性,这个阶段发现认识中的矛盾是可以统一的;第四个阶段是直觉的认识,在直觉之中,理智所看成有区别的就归于统一了。这种认识论观点是以后康德认识三阶段说的来源。尼古拉的第二个贡献是论证了对立面的统一。他用数学对这种观点作了证明,认为无限的线与无限的三角形、无限的圆、无限的球体都是统一的。这种观点直接影响了以后辩证法思想的发展，是德国古典唯心主义辩证法的前驱。尼古拉的第三个贡献是对一些自然科学先进思想作了哲学的预见，例如他认为宇宙是单一的，不为任何其他宇宙所限制，因而空间是无限的。他认为宇宙没有中心，没有边缘，没有“在上的星球”，“在下的星球”，没有“高贵的星球”，“卑贱的星球”等等。这些自然科学问题的哲学思考，有利于破除迷信，解放思想，促进以后自然科学的发展。

本书根据美国1954年出版的茨尔曼·赫隆英译本转译，原著是拉丁文。本书拉丁文原本有三种版本，国内一时未能找到。北京大学哲学系西方古典哲学原著选辑中世纪哲学卷的编辑小组决定翻译这本书，在翻译过程中，齐良骥、周辅成、王太庆、朱德生、李真诸同志曾经给我们以鼓励，并审读过译稿。郑建业同志校改了译稿，最后商务印书馆编辑同志又对译稿进一步加工，但因这本书理论比较艰深，文字表达比较晦涩，译者学识有限，误解错译在所难免，望读者指正。本书致朱丽安的信、卷一、卷二由尹大贻译，卷三由朱新民译。

译者

1986年8月

图书在版编目(CIP)数据

论有学识的无知/(德)库萨的尼古拉(Cusanus,N.)著;尹大贻,朱新民译.—北京:商务印书馆,1988.2(2024.11 重印)
(汉译世界学术名著丛书)
ISBN 978-7-100-00529-6

Ⅰ.①论…　Ⅱ.①库…②尹…③朱…　Ⅲ.①新柏拉图主义—德国　Ⅳ.①B516

中国版本图书馆 CIP 数据核字(2010)第 217727 号

汉译世界学术名著丛书
论有学识的无知
〔德〕库萨的尼古拉　著
尹大贻　朱新民　译

商　务　印　书　馆　出　版
(北京王府井大街 36 号　邮政编码 100710)
商　务　印　书　馆　发　行
北京盛通印刷股份有限公司印刷
ISBN 978-7-100-00529-6

1988 年 2 月第 1 版　　开本 850×1168　1/32
2024 年 11 月北京第 9 次印刷　　印张 5½
定价:28.00 元